Eu disse não

Uma história real de **amor**, **abuso** e **superação**

DANIELA SCHANEN

Eu disse não

Uma história real
de **amor**, **abuso**
e **superação**

Vestígio

Copyright © 2020 Daniela Schanen

Todos os direitos reservados pela Editora Vestígio. Nenhuma parte desta publicação poderá ser reproduzida, seja por meios mecânicos, eletrônicos, seja via cópia xerográfica, sem a autorização prévia da Editora.

EDITORES RESPONSÁVEIS
Arnaud Vin
Rejane Dias

EDITOR ASSISTENTE
Eduardo Soares

PREPARAÇÃO DE TEXTO
Samira Vilela

REVISÃO
Natália Chagas Máximo

CAPA
Daniela Schanen
Diogo Droschi

FOTO DE CAPA
Weber Pádua

DIAGRAMAÇÃO
Waldênia Alvarenga

Dados Internacionais de Catalogação na Publicação (CIP)
Câmara Brasileira do Livro, SP, Brasil

Schanen, Daniela
    Eu disse não : uma história real de amor, abuso e superação / Daniela Schanen – 1. ed. – São Paulo : Vestígio, 2020.

    ISBN 978-65-86551-08-2

    1. Autoestima 2. Memórias autobiográficas 3. Relacionamentos 4. Projeto "Eu disse não" 5. Psicologia positiva 6. Violência doméstica I. Título.

20-40849   CDD-362.8292

Índices para catálogo sistemático:

1. Violência doméstica e familiar contra a mulher :
Problemas sociais 362.8292

Maria Alice Ferreira - Bibliotecária - CRB-8/7964

A **VESTÍGIO** É UMA EDITORA DO **GRUPO AUTÊNTICA** ⓐ

São Paulo
Av. Paulista, 2.073, Conjunto Nacional, Horsa I
23º andar . Conj. 2310-2312.
Cerqueira César . 01311-940 São Paulo . SP
Tel.: (55 11) 3034 4468

Belo Horizonte
Rua Carlos Turner, 420
Silveira . 31140-520
Belo Horizonte . MG
Tel.: (55 31) 3465 4500

www.editoravestigio.com.br

O abuso não pode ser banalizado. Ele é um ar contaminado, um vazamento de gás: tóxico, invisível, quase inodoro, mas letal, que entra nos lares pelas mínimas frestas e, quando o vizinho chega para pedir uma xícara de açúcar, já estão todos mortos.

SUMÁRIO

Nota ao leitor 9

Agradecimentos 11

Introdução 13

Prólogo 19

Capítulo 1 21

Capítulo 2 22

Capítulo 3 27

Capítulo 4 34

Capítulo 5 38

Capítulo 6 45

Capítulo 7 50

Capítulo 8 59

Capítulo 9 65

Capítulo 10 68

Capítulo 11 80

Capítulo 12 83

Capítulo 13 84

Capítulo 14 90

Capítulo 15 95

Capítulo 16 100

Capítulo 17 112

Capítulo 18 118

Capítulo 19 132

Capítulo 20 141

Capítulo 21 146

Capítulo 22 153

Capítulo 23 159

Capítulo 24 162

Capítulo 25 167

Capítulo 26 170

Capítulo 27 173

Capítulo 28 185

Capítulo 29 189

Final 191

Anexos 199

Fotos e imagens 239

Referências 254

NOTA
AO
LEITOR

EU ESCREVO, muitas vezes, como eu falo. Como se estivesse sentada numa mesa de bar com meus amigos.

Tô careca de saber que "para" é mais formal do que "pra" e que o novo acordo ortográfico extinguiu o trema – aquele sinalzinho de dois pontos em cima do "U" – em palavras como linguiça e pinguim. Sei que o hífen deixou de aparecer em palavras compostas cujo segundo elemento começa com "S" ou "R" – caso em que as consoantes devem ser duplicadas, e que também escafedeu-se quando o prefixo termina em vogal e a palavra seguinte começa com uma vogal diferente. Coisas desse tipo. Porém, não sou muito afeita a regras. Já passei tempo demais sob o comando delas.

Aconteceram muitas sincronicidades durante a trajetória deste livro. Enquanto ele estava sendo revisado, resolvi arrumar meu escritório. Nas gavetas, encontrei uma agenda antiga e abri numa página aleatória: "16 de janeiro de 2018. Decidi escrever um livro". Seria apenas um desejo sendo lançado ao universo se eu não tivesse tido a curiosidade de confirmar uma coisa da qual já desconfiava: no dia 16 de janeiro de 2020, exatamente dois anos após registrar essa frase naquele caderninho, eu realmente comecei a escrever este livro. Mesmo dia. Mesmo mês. Anos diferentes. Isso, pra mim, não é coincidência. Já não acredito mais nelas, e sim nos sinais que a vida me oferece para indicar que um caminho me escolheu, e não o contrário.

Confesso que não foi fácil escrever essa autobiografia. Apesar de ter me sentado na frente do computador naquela quinta-feira e praticamente vomitado tudo de uma vezada só (foram quase trezentas páginas em menos de quarenta dias), demorei anos para conseguir me acomodar nessa cadeira. É que este livro é um tsunami de recordações que por muito tempo ficaram represadas. Mas meus pensamentos são selvagens como eu e me escapuliram, por vezes atropelando uns aos outros, por vezes quebrados e faltando pedaços. Tenho certeza de que algumas memórias foram completamente bloqueadas, e não fiz nenhum esforço para desenterrá-las. Elas têm vontade própria.

É claro que em certos momentos precisei abrir meu baú de horrores e reler boletins de ocorrência, processos judiciais e posts em redes sociais para confirmar datas e sequências de acontecimentos. Afinal, no olho do furacão, eu estava completamente atordoada. Peço desculpas, então, se ainda assim cometi alguma falha cronológica ou mesclei eventos. De qualquer forma, todos aconteceram, e aqui estão registrados com o peso que tiveram pra mim, em toda a sua potencialidade de amor ou de dor. Procurei ser o mais precisa possível, mas *ops!* Sou humana. Também omiti nomes e alterei outros por motivos óbvios. No mais, estou aqui, dando mais uma vez a cara a tapa.

A única coisa que posso garantir é que vim, livre, pra essa mesa de bar te contar a minha história. ■

AGRADECIMENTOS

DEDICO ESTE LIVRO a todas as mulheres que não conseguiram, ainda, vislumbrar a luz no fim do túnel. Vocês só não a enxergaram porque estão no meio do caminho e é tarde demais para voltar atrás. Apenas continuem seguindo em frente, mesmo que isso signifique permanecer mais um tempinho no escuro. Eu garanto: o brilho está lá.

Obrigada às queridas amigas Romina, Alê, Ju, Si, Lu e Helena, que leram os primeiros rascunhos e me incentivaram a continuar esta obra, e a todas que sempre estiveram ao meu lado. Vocês foram e continuam sendo inestimáveis.

Obrigada, Webinho, por me abraçar com suas lentes mágicas.

Minha mais profunda gratidão às minhas filhas, amores da minha vida. É por elas que nunca penso em desistir. É por elas que respiro. É por elas que luto e venço, todo santo dia.

Toda gratidão e carinho à minha mãe. Sem seu amor incondicional, apoio emocional e suporte financeiro, não sei se teria conseguido chegar até aqui.

Pai, Si, Alexis e meus divertidos sobrinhos: obrigada por existirem e por estarem aqui. Eu amo vocês.

Obrigada, ex, por fazer de mim quem sou hoje. Eu já era incrível antes de você. Agora, sou insuperável.

Obrigada, Tadeu, meu amor, por admirar minhas asas e me mostrar as cores do mundo.

Agora, sim, posso dizer que minha vida é um livro aberto. ■

INTRODUÇÃO

VOCÊ PODE IR direto para o Prólogo, se preferir, mas recomendo fortemente a leitura desta Introdução. Explicarei aqui, por meio de uma abordagem mais técnica e em diálogo com a psicanálise, como se dá o ciclo do abuso, um dos temas centrais deste livro.

● MACHISMO OU NARCISISMO PERVERSO?

Infelizmente, o ato de abusar existe desde que o mundo é mundo. Ele nasce do desejo de um indivíduo de subjugar o outro, seja por poder, vaidade ou medo.

Existem homens abusivos, bem como mulheres. Quando falamos em relacionamentos tóxicos, também não nos limitamos aos amorosos: mães, pais, chefes e até amigos podem ter comportamentos abusivos. No entanto, as estatísticas revelam que fatores como força física, histórico de privilégios e construções culturais, entre outros, colocam a figura masculina no centro do problema.

Uma pesquisa[*] realizada pela ONU Mulheres mostrou que 95% das mulheres e 81% dos homens entrevistados consideram o Brasil um país machista. Os resultados apontam que os homens demonstram mais dificuldade em lidar com as mudanças na organização social e, por isso, buscam constantemente reafirmar sua masculinidade. Mas não cabe a eles decidir se uma mulher pode trabalhar, estudar, sair com amigos,

---

[*] Disponível em: <https://bit.ly/2YAefRt>.

usar determinadas roupas, cortar o cabelo, viver ou morrer. Se ainda falamos em igualdade é porque há desigualdade, e para superar o sexismo é preciso informar, conscientizar, rever pensamentos e comportamentos reproduzidos diariamente em nossa cultura. Falta muito para entendermos a beleza do equilíbrio entre yin e yang.

Apesar de o problema existir há séculos, a temática do relacionamento abusivo é recente. Existem muitas sombras nessa definição, assim como no entendimento do que é e quando uma relação se torna tóxica. Afinal, há diferenças entre uma atitude isolada que ultrapassa o limite do respeito e um convívio realmente perigoso.

Sabemos que, em um mundo ideal, os parceiros devem sempre dialogar quando há um conflito. Acontece que não vivemos nessa utopia, e às vezes perdemos o tom. Quebra-paus podem ocorrer em qualquer relação, amorosa ou não, e não raro as pessoas se alteram, dão "tilt". Eu já gritei, me inflamei e ofendi pessoas. Mas existe um abismo entre uma chuva de desaforos pontual e a metódica agressão psicológica, verbal e física.

Quando um casal saudável se desentende, os pedidos de desculpas geralmente são seguidos de uma tentativa honesta de mudança. Tal aprendizado contribui para a relação à medida que abre portas para que as expectativas sejam realinhadas, elevando a convivência a um novo patamar de respeito e compreensão.

Já em um relacionamento abusivo, a vítima é constantemente responsabilizada pelos atos do opressor e está sempre pedindo perdão por algo que não fez. Os pedidos de desculpas por parte do abusador, quando existem, são apenas uma forma de manipular o outro, trazendo-o de volta para o seu comando. Não existe arrependimento real, e a prática do *gaslighting* é muito comum. Trata-se de uma forma de abuso psicológico na qual informações são inventadas, distorcidas ou seletivamente omitidas em prol do abusador com a intenção de fazer a vítima duvidar da própria memória, percepção e sanidade. Com o tempo, a vítima deixa de se impor e de expressar seus sentimentos, já que é sempre contestada e invalidada. Então, com a autoestima e a individualidade anuladas, ela é levada a crer que seu algoz é, também, sua única fonte de amor possível, já que é o único capaz de suportar suas inúmeras mazelas. Nesse tipo de vínculo, os abusos psicológico e verbal são constantes e reiterados, podendo facilmente evoluir para a violência física. O cerne da questão reside no fato de que, quando uma pessoa é sistematicamente negligenciada, ela passa a projetar todas as suas expectativas no outro, pois se sente incapaz de tomar decisões e acabar sendo punida ou rejeitada. É algo muito sério, e muito cruel.

Não sou psicóloga. Sou doutorada pela vida, e diante de tudo que experienciei, li e estudei, hoje sou capaz de distinguir dois tipos de abusadores: os machistas e os narcisistas.

Os machistas não nascem machistas, mas são fruto de uma norma social baseada em privilégios que coloca em foco a crença errônea de que as mulheres são menos capazes, e por isso devem ser submissas. Basta pensar em como era a dinâmica de casamento dos nossos avós. A boa notícia é que, da mesma forma que o machismo é aprendido, também pode ser desconstruído.

Vale deixar claro que nem todo machista é um homem violento – muitas vezes, ele pode apenas sofrer de uma espécie de "cegueira cultural". O grande problema da cultura machista é que ela coloca as mulheres num lugar de vulnerabilidade, restringindo suas oportunidades de obter renda própria, educação e acesso a uma rede de apoio. Todos esses fatores contribuem para que as mulheres se tornem financeira e emocionalmente dependentes de seus parceiros, algo ainda mais grave no caso de uma relação abusiva. O machismo precisa ser combatido porque pode, sim, ser uma porta de entrada para a violência doméstica.

O Transtorno de Personalidade Narcisista (TPN), por sua vez, tem traços em comum com a psicopatia. Transtornos de personalidade são desvios extremos ou significativos na forma como um indivíduo percebe, pensa, sente e, principalmente, se relaciona com os outros. Trata-se de alterações de longa duração e não limitadas a episódios esporádicos.

As manifestações do Transtorno de Personalidade Narcisista são caracterizadas por sentimentos exagerados de autoimportância e grandiosidade, necessidade constante de admiração, falta de empatia e de compreensão para com os sentimentos dos outros e ausência de remorso. Não raro, os sintomas são confundidos com autoconfiança e autoestima elevadas. A diferença é que, para pessoas com esse diagnóstico e as que convivem com elas, o inferno caminha de mãos dadas com o relacionamento.

Segundo Silvia Malamud, psicóloga e autora do livro *Sequestradores de almas* (2016), os narcisistas perversos – o mais alto grau do TPN – agem contra tudo o que significa a existência do outro, causando efeitos devastadores em qualquer tipo de relação, sejam elas amorosas ou não. Trata-se de uma violência velada que, muitas vezes, não é assumida pelo narcisista, mas que é constantemente reforçada pela cultura machista. Exames de imagem cerebral[*] mostram que pessoas com esse transtorno apresentam um volume reduzido de matéria cinzenta em uma região do cérebro chamada ínsula anterior, associada à empatia. A dificuldade em tornar esse resultado definitivo está na origem do problema, que não é clara para a comunidade científica: não se sabe, ainda, se as pessoas nascem com o transtorno ou o desenvolvem durante a vida. A corrente de pensamento mais comum inter-relaciona fatores biológicos, sociais e psicológicos, a que se alia uma predisposição "escondida" no DNA que pode desabrochar com a combinação certa de determinadas experiências de infância e adolescência. Tais estudos apontam para uma simbiose construída entre o transtorno e o ambiente, na qual um alimenta e justifica o outro, fazendo com que o monstro cresça até não caber mais na jaula. O que se sabe é que não existem medicação ou tratamento efetivos: por se considerarem perfeitos, esses indivíduos não buscam ajuda nem conseguem acessar o *self*, uma vez que isso colapsaria a imagem de excelência e superioridade criada pelo inconsciente. Até então, não há cura para o transtorno.

Narcisistas sabem que estão errados ao fazer o que fazem? Acredito que, para eles, não existe esse conceito moral de "certo" ou "errado". Farão o necessário para manter seu bem-estar, não importa às custas de quê ou quem. Podem até saber que algumas de suas atitudes são inaceitáveis para os outros, mas não se importam porque não sentem empatia. Então, simulam sentimentos, brincam de ser "pessoas normais" e vão enganando a todos enquanto dá. Não ensine moralidade a um psicopata narcisista, não ensine o que é certo ou errado segundo seus conceitos. Se ele não te ignorar, vai rir de você. Medir um narcisista com a régua da empatia é como medir uma estrada com uma régua escolar. Tentar compreendê-lo é trazer um oceano de culpa, ansiedade e dor para si próprio. Apenas aceite que a estrutura do narcisista é incompatível com uma convivência saudável e afaste-se, praticando o contato zero.

---

[*] Disponíveis em: <https://bit.ly/2CYqSOp>.

Embora sempre tenha existido, essa perversão talvez encontre na cultura contemporânea um terreno fértil. Hoje, mais do que nunca, experimentamos a supervalorização do ego e o culto exacerbado à própria imagem, comportamentos validados e incentivados, principalmente, pela cultura das redes sociais. Segundo o Manual Diagnóstico e Estatístico de Transtornos Mentais, ou DSM-5, o Transtorno de Personalidade Narcisista geralmente se manifesta no fim da adolescência e início da vida adulta, com predominância em indivíduos do sexo masculino.

A psiquiatra e escritora Ana Beatriz Barbosa Silva calcula que essa psicopatia acomete 4% da população mundial, dos quais 3% são homens e 1% mulheres, e pode ser classificada em diferentes graus: leve, moderada ou grave. Ao contrário do que prega o senso comum, portanto, psicopatas nem sempre serão assassinos em série: o Transtorno de Personalidade Antissocial pode se revelar em uma predisposição à corrupção ou à mentira patológica, para citar alguns dos exemplos mais comuns, e independe de classe social. Isso significa que estamos todos sujeitos ao convívio com essas pessoas, seja no ambiente profissional ou familiar. Afinal, quem nunca se deparou com alguém incapaz de se colocar no lugar do outro, que só se importa com os próprios interesses? O psicopata não é simplesmente o que mata, mas o que destrói vidas sem sentir remorso.

Com o objetivo de mensurar opiniões sobre violência doméstica e feminicídio, o Data Popular e o Instituto Patrícia Galvão realizaram, em 2013, uma pesquisa inédita[*] sobre a percepção da sociedade sobre esses temas. Os resultados revelam que vergonha e medo estão entre as principais razões para que uma mulher vítima de abuso não abandone ou denuncie seu agressor. Se isso parece trivial numa primeira leitura, vale lembrar que, para uma mulher se livrar desses sentimentos, não basta apenas força de vontade, mas uma mudança estrutural na sociedade. O acolhimento das vítimas pode passar pelo privado, por meio de diferentes redes de apoio (parentes, amigos, vizinhos), mas não deve parar por aí: são necessárias, também, ações efetivas do Estado, que deve fortalecer os serviços especializados de apoio a fim de garantir acesso à informação e proteção.

---

[*] Disponível em: <https://bit.ly/3l4kKpa>.

O estudo também revelou que, independentemente de classe social, grande parte dos entrevistados conhece ao menos uma mulher que já foi agredida pelo parceiro. Os números impressionam: 63% na classe alta, 54% na classe média e 53% na classe baixa. A ideia de que a violência doméstica atinge apenas mulheres de baixa renda, portanto, é totalmente ultrapassada.

Este livro é um convite para refletir sobre algo que precisa urgentemente ser mudado: a ideia de que o homem tem autoridade e propriedade sobre a mulher. Para os casos mais específicos – e, de certa forma, mais complexos –, como as relações envolvendo indivíduos com Transtorno de Personalidade Narcisista ou Antissocial, trata-se de um alerta. Saber identificar indícios de perversão pode salvar vidas, e estou aqui para mostrar a saída de emergência.

A manipulação é a base do relacionamento abusivo. A partir dessa prática, o abusador leva a vítima a acreditar que é sempre culpada, que é merecedora da violência a qual é submetida, que é uma pessoa louca, exagerada, errada ou desequilibrada. Meu papel aqui, então, é lembrar você de que somos pessoas boas a quem coisas ruins aconteceram. Todos temos sombras e luzes, qualidades e defeitos – o que importa é o que fazemos com eles e como reagimos às adversidades. Com este livro, então, estou levantando a minha voz e mostrando o meu rosto para dizer: "Não tenham vergonha, não tenham medo!".

As linhas que se seguem não são um manifesto contra os homens, mas a favor das mulheres. Boa leitura, e bom despertar! ■

PRÓLOGO

EI, PSIU! Estou falando com você. Pode ser que já tenha ouvido falar de mim. Sim, eu sei. Minha fama correu solta durante muito tempo.

Sou a vadia, a piranha, a oportunista, a doida, a desgraçada, a vingativa, a gorda, a insuportável, a manipuladora, a burra, a infiel, a mulher de malandro. Sou a leviana que traiu o marido apaixonado e pai provedor após quase vinte anos juntos. Sou a aproveitadora que se casou por dinheiro. Aquelazinha que tentou tirar cada centavo dele no divórcio. Sou a puta louca que levou uma das empresas do ex-marido à falência por puro revanchismo.

Sou a mulher que ousou dizer não e enfrentou as consequências.

Muito prazer, meu nome é Daniela. Mas pode me chamar do que quiser. Eu já não ligo mais. ■

CAPÍTULO 1

● 18 DE JANEIRO DE 2014

Ao meu redor, caos.

Por alguns segundos, tudo o que eu queria era continuar deitada no chão para sempre, olhando as partículas de poeira que flutuavam naquele raio de sol vindo da janela e pensando que deveria ter varrido a sala assim que voltei de viagem. Mas meu instinto de sobrevivência gritava, atrapalhando meu devaneio: "Ele disse que vai te matar! Levanta! Levanta daí!".

Medo, indignação, raiva e muitas coisas quebradas, incluindo a porta, arrombada no chute, que tombava torta para fora do batente. E tinha a dor. Dor na alma, porque o corpo, apesar de todo machucado, estava anestesiado pela adrenalina. Após anos de relacionamento, havia sobrado apenas uma certeza: "Essa é a última vez que esse filho da puta me encosta a mão. Minha vida começa agora".

Essa é a história de como fui parar naquele chão. E de como me levantei. ■

CAPÍTULO 2

● 19 DE FEVEREIRO DE 1996,
SEGUNDA-FEIRA DE CARNAVAL

Eu odeio Carnaval. Sempre odiei, desde pequena. Por volta dos 7 anos, me lembro de já fazer um esforço tremendo para parecer que estava me divertindo na matinê do Iate Clube, em Belo Horizonte. Das minhas memórias brotam pessoas meladas de suor, fedendo a cerveja, algumas nitidamente bêbadas – ou naturalmente esfuziantes, se preferir –, com crianças nos ombros, brincando de jogar serpentina, que sempre atingia o olho ou a boca de um desavisado, como um míssil. Zumbis eufóricos arrastando os pés naquele mar de confetes, os dedos indicadores em riste, os corpos girando em círculos tediosos. Ao fundo, caixas de som estridentes pulsando no ritmo de alguma marchinha idiota.

Nessa cena grotesca da minha imaginação infantil e fértil, apareço vestida com uma linda fantasia cor-de-rosa de odalisca, calorenta e "piniquenta" por causa do tule e das costuras. Por dentro, me lembro de pensar que, se todos estavam felizes e achando aquela porcaria ótima, provavelmente eu não havia entendido alguma parte, ou certamente tinha algo de errado comigo.

Mas o tempo passou, e mais de uma década depois, eu continuava achando a histeria carnavalesca um saco. Samba, pagode, axé, forró, tudo isso sempre fez meus ouvidos sangrarem. Então, a cada reinado de Momo, eu morria afogada devido a uma hemorragia auditiva.

Em janeiro de 1996, Minas Gerais estava nos noticiários internacionais. Duas jovens haviam deixado o mundo em polvorosa ao relatar a aparição do extraterrestre que ficou conhecido como "E.T. de Varginha".

Pois é, o ano já tinha começado "quente": no mês seguinte, terminei um namoro de três anos faltando apenas quatro dias para o Carnaval. Estava me sentindo a pessoa mais excluída do planeta – todo mundo nas ruas se divertindo enquanto eu curtia a "fossa das Marianas" dentro de casa. Queria me sentir feliz, viver intensamente para me livrar daquela maldita sensação de que estava sempre perdendo alguma coisa enquanto o mundo girava lá fora. Eu tinha 23 anos e precisava espairecer. Mas simplesmente não conseguia lidar com a culpa paradoxal de odiar o carnaval e precisar gostar dele para me sentir incluída.

Incomodada, peguei a chave do carro, um Ford Escort GL azul metálico, novinho em folha, e liguei para uma amiga: "Se arruma que eu tô passando aí. Vamos pra Ouro Preto".

Quem já foi a algum Carnaval de Ouro Preto, epicentro da folia de Minas Gerais, em plena década de 1990, se lembra do mar de gente em que a cidade se transformava. Você descia a ladeira, multidão. Subia a ladeira, multidão. Acho que é assim até hoje, mas, na época, Belo Horizonte ficava às moscas,[1] e a cidade histórica era a opção mais próxima para quem buscava agitação. Naquela miscelânea de gente, os bêbados abriam alas, como que brotando da terra, espalhando-se em direção às repúblicas estudantis, becos, ruas, bares e patrimônios históricos. Mais deslocada do que o E.T. de Varginha, me misturei à turba, tentando achar aquilo minimamente agradável. Mas os sentimentos confusos da infância emergiram misturados ao cheiro de urina e cerveja.

O término recente do namoro, somado à algazarra das caixas de som, que tocavam músicas do Araketu e Gera Samba, todas coreografadas por centenas de "loiras do Tchan" à minha volta, não contribuíam muito para o meu humor. Aqueles corpos rebolativos, que deveriam ser sensuais, pareciam minhocas em chamas. Eu estava ficando cada vez mais rabugenta. Precisava de uma distração. E, se a festa de Carnaval não era prazerosa, beijar na boca certamente era.

Me concentrei em encontrar alguém interessante. Minha amiga, que tinha ido com o namorado, assumiu o processo de pré-seleção: "Olha lá, que gato!", "Menina, e aquele?", "Tem outro lindo ali". E eu, mais seletiva que vestibular do ITA: "Não", "Não" e "Nãããão".

"Dani", insistiu ela, "aquele lá quase quebrou o pescoço quando você passou. Ele é uma gracinha". E era mesmo, mas muito novinho também. Não ia rolar. Acabamos saindo dali para disputar mais centímetros quadrados em outra ladeira. Mas o destino tem uma insistência irritante e colocou o bendito garoto, semiadolescente, bem na minha rota de fuga. Não uma vez, nem duas. Foram tantas, e em locais tão diversos daquela cidade lotada, que, depois de um tempo e algumas cervejas, cedi e comecei a reparar nele. Pele morena, altura mediana, olho puxadinho. Me lembrava um índio, o cabelo comprido muito liso e repicado, calça jeans e camiseta branca. Cara de pirralho, sim, mas bem bonito. E eu precisava cumprir minha meta de dar uns beijos.

Num *flash* de intuição, me peguei dizendo: "Tá bom, destino. Você venceu. Vamos ver como esse menino vai mudar a minha vida".

Sentei no meio-fio e, menos de um minuto depois, ele se sentou ao meu lado. Mal sabia eu o tamanho daquela profecia.

● 20 DE FEVEREIRO DE 1996, TERÇA-FEIRA DE CARNAVAL, EM ALGUM MOMENTO APÓS A MEIA-NOITE

O garoto desceu como uma bebida gelada e refrescante num dia quente de verão. A noite, até então enfadonha, começou a ficar borbulhante e divertida. O papo era leve, as risadas surgiam sem esforço e, depois de um tempo, era como se os olhos dele tivessem entrado nos meus. E nem consigo descrever a velocidade com que minha língua foi parar naquela boca. O menino já não parecia mais tão menino assim, e fui pega totalmente desprevenida pela enxurrada de atenção, carinho e gentilezas.

Desejando sair daquela balbúrdia, já meio cansados da cacofonia, fomos para o meu carro tentar cochilar um pouco antes que eu pegasse a estrada novamente. Mas o cochilo, é claro, virou uma mistura de línguas dançando a passos lentos. A libido indo aos céus. A inexplicável

química transformando dois desconhecidos em velhos amantes. Não passamos dos beijos – mas que beijos! A segunda-feira virou terça, e nem vi a madrugada se transformando em dia. Me apaixonei no estacionamento da rodoviária, ao som de "The Unforgettable Fire", do U2. Apesar de todo aquele fogo no rabo e na música, eu precisava voltar. Mas não sem antes trocar telefones e ganhar uma ferradura de pedra sabão para dar sorte e não me esquecer daquela noite.

● 21, 22, 23 DE FEVEREIRO DE 1996

Quarta de cinzas, o telefone nem tocou. Fiquei me torturando, imaginando cenas em que ele beijava centenas de outras garotas, esquecendo-se da minha existência. Afinal, era Carnaval.

Passou a quinta, chegou a sexta-feira. No trabalho, tentava me concentrar na criação de uma campanha publicitária. Sem sucesso. Meu pensamento ia e voltava de Ouro Preto mais vezes do que eu gostaria. Não queria nem pretendia cair de quatro por um moleque recém-saído da puberdade. Mas eu era jovem e impulsiva e, no melhor estilo "Eduardo e Mônica", liguei e chamei o menino para sair.

Hoje, mais de vinte anos depois, não consigo nem me lembrar em qual bar fomos naquela noite. Mas, se fechar os olhos, recordo com detalhes das horas de preparação que antecederam o encontro: o banho esfoliante para deixar a pele com um toque aveludado, a máscara nutritiva para o cabelo ficar macio, o creme para o corpo, o perfume, a maquiagem bem feita e, é claro, a ansiedade. Era como se eu fosse sair com o próprio Bono Vox, até então, dono absoluto das minhas fantasias.

Me sentindo no controle da situação, peguei a chave do carro e o busquei em casa. ■

> 📝 **NOTA DA AUTORA:**
>
> [1] No Carnaval de 2020, Belo Horizonte ultrapassou Salvador (Bahia), reunindo o terceiro maior público de foliões do país, atrás apenas de São Paulo e Rio de Janeiro. Na década de 1990, porém, a cidade ficava deserta no feriado.

Num *flash* de intuição, me peguei dizendo: "Tá bom, destino. *Você venceu.* Vamos ver como esse menino vai mudar a minha vida".

CAPÍTULO 3

POUCOS MESES antes do Carnaval de 1996, em novembro de 1995, eu havia feito uma viagem incrível sozinha e estava me sentindo a rainha da porra toda – uma mulher livre, independente e cheia de planos para o futuro.

Aos 21 anos, depois de me formar na faculdade, trabalhei como redatora em algumas agências de publicidade. Aos 23, já tinha sido reconhecida com alguns prêmios e atuava como diretora de criação, gerenciando uma equipe relativamente grande para a minha inexperiência – mas proporcional à minha petulância – numa empresa de médio porte. A turma era formada por jovens talentosos, muitos com vínculos de amizade antigos. Então, você pode imaginar algo similar a um recreio quando não estávamos nos esforçando para ser adultos e profissionais.

Meu chefe na época era um cara inteligentíssimo, ousado, visionário, que adorava dar espaço para gente nova e criativa. Mas ele tinha um defeito: uma personalidade explosiva e um gênio terrível. Quando chegava de mau humor na agência, era um Deus nos acuda. Nos desentendemos várias vezes, mas uma delas foi o divisor de águas: o homem começou a gritar comigo na frente de metade da agência.

Antes de continuar essa história, uma coisa que você precisa saber sobre mim é que detesto que gritem comigo. Realmente odeio. Apesar de falar alto e gesticulando muito, como uma siciliana enérgica, levantar a voz ou mudar o tom é algo que desperta meu lado B, X, W, Ômega, Y e Z.

Naquele dia, para não perder a calma e acabar gritando também, virei as costas, me tranquei no banheiro e fui lixar as unhas. Mas *ninguém vira as costas para o chefe*!

O resultado foi que, o que já era um problema, acabou virando uma grande cena, e meu chefe, enlouquecido com a minha audácia, passou a esmurrar a esmurrar a porta e a berrar ainda mais. Àquela altura, eu nem estava mais lixando as unhas, porque já não restavam unhas. O nervosismo havia me corroído.

No fim das contas, tiveram que convencê-lo a sair do prédio para dar uma volta e espairecer. Foi só aí que tomei coragem para sair do banheiro, já convicta de que não queria mais aquele emprego. Segui imediatamente para o departamento financeiro, pedi demissão e, com o dinheiro do acerto, planejei uma viagem com a melhor companhia do mundo: a minha.

Queria conhecer Nova York. Tinha onde ficar. Tinha meu dinheiro. Tinha disposição, juventude, sede de viver e nenhum medo do futuro. O dólar, na época, estava um para um. Precisava apenas definir datas, comprar as passagens e fazer as malas – e foi o que fiz.

Naqueles vinte dias que passei comigo mesma, me senti adulta, corajosa, independente e capaz de conquistar o mundo aos meus pés. Fui a museus, restaurantes, boates, shows de jazz, missa gospel no Harlem e o escambau, tudo sozinha. Descobri que amava minha companhia. Minha juventude vislumbrava uma vida de realizações, e o namoro de três anos da época, já desgastado por uma série de questões, perdeu o encanto. Era impossível competir com aquela recém-descoberta paixão avassaladora por mim mesma.

Terminei o relacionamento pouco depois dessa viagem transformadora, na quinta-feira anterior à minha ida para Ouro Preto. Uma decisão originada por uma briga boba, a famosa gota d'água: meu namorado queria viajar para um sítio, e eu não. Ele foi, eu fiquei. Simples assim. À época, me senti trocada, deixada de lado, e essa é outra coisa que preciso dizer sobre mim: não faça com que eu me sinta pouco importante. Coisas pequenas podem virar um POW!, e quando isso acontece é uma grande explosão, como um desastre nuclear.

Hoje, olhando para trás, sei que o verdadeiro motivo é que eu queria mais da vida – o que não me impediu de sofrer, mesmo tendo sido uma escolha minha. Afinal, foram três anos juntos, e não três dias. Houve amor, sexo, viagens, conversas e brigas. Dividimos amigos, famílias, experiências e tudo que um relacionamento duradouro proporciona.

Sempre fui de amores intensos e namoros longos. Me apaixonei perdidamente várias vezes entre os 9 e os 15 anos, quando embarquei no primeiro relacionamento sério da minha vida.

O primeiro suspiro ardoroso foi direcionado ao filho do técnico de um famoso time de futebol. Bem, se não era o técnico, era o presidente do clube, ou algum tipo de figurão lá dentro. Era janeiro de 1982, ano em que Elis Regina morreu, e eu ainda ia fazer 10 anos.

Naquelas férias, viajamos para a praia. Minha família tinha uma casa de veraneio em Ubatuba, litoral norte de São Paulo, e desde que me entendo por gente, íamos pra lá nas férias de janeiro e julho. Dessa vez, porém, o tal garoto e a família também resolveram passar uns dias na cidade, e bem na casa vizinha à nossa. Ele era só um ou dois anos mais velho do que eu. Moreno, dos olhos verdes, exalava um perfume cítrico com toques de limão que até hoje me faz fechar os olhos quando sinto algo parecido por aí.

Na época, festinhas para dançar agarradinho estavam no auge. As músicas lentas e melosas de Lionel Richie e Phil Collins bombavam nas rádios, e passávamos horas gravando nossas preferidas em fitas cassete – uma versão retrô das *playlists* de hoje. Eu já tinha dançado com vários meninos da escola, mas aquele cangote perfumado era outro patamar. Eu sei, nunca fui fácil. Até hoje, homens cheirosos bambeiam minhas pernas. Amo.

Meu interesse pelo universo masculino começou depois dessa viagem. Na falta de um parceiro real, treinava beijos com o travesseiro e com o espelho. Mas o primeiro, apesar de macio, deixava minha língua seca e cheia de pelinhos, enquanto o outro era muito sólido e gelado. Finalmente, aos 12, tive minha primeira troca real de saliva, e a experiência me pareceu bem diferente dos testes caseiros. O alvo foi um surfistinha baiano de 15 anos, de pele dourada, lindo. A despeito dos anos de treino, foi um beijo tenso, admito. Com medo de ser vista pelo meu pai, que a qualquer momento podia passar de bicicleta no calçadão, mantive um olho fechado e o outro bem aberto. Mesmo assim, o pavor de ser pega no flagra me dominou: beijei e saí correndo, deixando o menino literalmente de boca aberta.

Após esse desastre de principiante, fiquei com outros meninos e pude aprimorar a técnica, mas minha paixonite mais avassaladora foi por um rapaz chamado Tadeu. Era 1986, eu tinha 13 anos e estava na oitava série. Ele, com 19, já estudava na faculdade. Tinha cara e corpo de homem, barba por fazer e uma gentileza e um cavalheirismo que me marcaram profundamente.

Naquele ano, eu e minhas amigas ansiávamos pelas sextas-feiras. Depois das aulas, corríamos para o banheiro do colégio, trocávamos de roupa, enchíamos a cara de maquiagem e descíamos, a pé, para a badalada região da Savassi. O amplo quarteirão em frente ao Shopping Quinta Avenida ficava fechado para o trânsito, favorecendo a aglomeração dos jovens e, é claro, o clima de paquera. Enquanto o cometa Halley cruzava os céus e Chernobil explodia do outro lado do mundo, a gente só queria saber de flertar sem nenhuma preocupação com o amanhã.

Foi numa dessas sextas que conheci o Tadeu. Trocamos beijos em um fim de tarde, mas eu não passava de uma pirralha com hora para chegar em casa. Então, quando ia me despedir para pegar o ônibus, ele se ofereceu para me acompanhar e garantir que eu chegasse em segurança. Na década de 1980, os cortes de cabelo podiam até ser horríveis, mas as pessoas, não. O mundo era um lugar menos assustador, ou talvez eu é que fosse uma boboca ingênua. O fato é que nem hesitei ou tive medo de aceitar que alguém que eu mal conhecia me levasse para casa. Na verdade, acho que essa foi a primeira vez que senti aquele calorzinho da proteção viril – minha primeira percepção do abismo que separa os meninos dos homens.

Já no ponto de ônibus, descobri que pegávamos a mesma linha, e foi preciso pouco tempo de trajeto para atinar que éramos praticamente vizinhos. Ele morava na rua de trás, a menos de dois quarteirões da minha casa. Trocamos telefones. Depois disso, vieram muitos outros beijos: em outras sextas, depois da escola; no Cine Palladium, assistindo ao filme *Bete Balanço*, com trilha sonora do Cazuza; na lanchonete Chantilly, comendo bolo de nozes com baba de moça; na rua, quando eu matava as aulas de  ginástica ou inglês. Foi uma paixão avassaladora. Aos 13 anos, eu e meus hormônios estávamos completamente enfeitiçados. Minha agenda escolar tinha coraçõezinhos desenhados em todas as páginas, e o nome "Tadeu" aparecia de cima a baixo. Eu sempre desviava o caminho para passar na rua dele, não importava para onde estivesse indo. Faria qualquer coisa para vê-lo de novo, só para trocar aqueles beijos que me impediam de dormir à noite.

No meu aniversário de 14 anos, lá estava ele, na festinha que dei em casa. Tenho a foto até hoje, amarelada e gasta. Mas o romance teve fim quando minha mãe, desconfiada dos passarinhos verdes que eu andava vendo, decidiu ir atrás de mim. Justo naquele dia, eu estava matando aula de ginástica, e fui pega completamente jogada nos braços dele. Foi "o" flagra. Um Deus nos acuda. Nós dois levamos um sermão homérico, daqueles cuja lembrança até pouco tempo fazia minhas bochechas queimarem de vergonha. O engraçado é que, durante anos, quando a cena voltava à tona, eu não recordava nem sob tortura quem era o moço que estava comigo. Armadilhas do inconsciente.

Minha mãe ficou com muita raiva. Raiva pela filha estar mentindo, por desperdiçar o dinheiro suado da mensalidade, pelos beijos afrontosos em plena luz do dia. Mais do que isso, também ficou preocupada por eu ter me encantado por um cara mais velho. O resumo da ópera é que tomei muita chinelada, e fiquei de castigo num esquema casa-escola-casa para todo o sempre, amém. Se Tadeu e eu tínhamos algum futuro cheio de filhos e um cachorro, aparentemente ele acabava ali.

O dia seguinte, como era de se esperar, foi um apocalipse emocional. Ele pediu para me encontrar e disse que, apesar de gostar da minha companhia, não podia mais ficar comigo. Que eu era muito nova. Que os namoros dele tinham outro "estilo". Blá, blá, blá. Naquela esquina entre as nossas casas, entendi o recado e lutei como pude. Disse que perderia a virgindade, que faria qualquer coisa para que ele não fosse embora da minha vida. Mas não adiantou só eu querer. Ele poderia ter sido um cara escroto e não foi. Continuei virgem após receber um cavalheiresco chute na bunda. Se paixonite aguda matasse, eu teria sido uma forte candidata. Dali pra frente, qualquer cara só serviria se fosse parecido com ele.

•

Os meses passaram depressa, e no Natal daquele ano arrumei um emprego temporário como vendedora no shopping. Além de juntar algum dinheiro, era uma forma de sair de casa e burlar o castigo.

Muita coisa aconteceu depois disso: minha irmã ficou noiva, eu passei da oitava série para o primeiro ano do científico e, em algum momento, as férias de julho de 1987 chegaram e viajei para Ubatuba, como sempre fazia.

Naquela temporada, um cara que surfava com meu irmão se apaixonou perdidamente por mim. Pela primeira vez na vida, eu era o alvo, e não o dardo. Fui pedida em namoro. Achei chiquérrimo e aceitei, claro. Mas as intenções dele eram sérias, e, passadas as férias, começou a se deslocar de São Paulo para Belo Horizonte a cada quinze dias. Vinha de ônibus, voltava de avião. Sempre cheio de presentes, atenção e sonhos.

No auge dos meus 14 anos, eu me sentia muito amada. Gostava dos longos papos inteligentes que tinha com ele, da companhia, dos sarros que a gente dava escondido no corredor lá de casa, ou no banco de trás do carro a caminho do aeroporto de Confins. O problema era que, mesmo depois de alguns meses de namoro, meu coração ainda estava cheio de Tadeu. Acabei terminando com uma das melhores pessoas que conheci para continuar procurando algo que me preenchesse – seja lá o que fosse.

Décadas depois, nos reencontramos despretensiosamente num almoço, quando ele veio para um evento em Belo Horizonte. Aquele surfista de 18 anos tinha virado juiz, estava divorciado e já tinha filhos, e eu estava casada na época. Então, não aconteceu nada além de momentos nostálgicos e atualizações sobre a vida de lá e de cá. Ou melhor, talvez tenha acontecido, pois acho que o breve reencontro reavivou alguma coisa dentro dele. Poucos anos depois, quando soube que meu casamento também havia acabado, ele voltou a Belo Horizonte, dessa vez com um enorme "ou vai ou racha" na bagagem. Bem, rachou. A fantasia ainda era muito maior do que a realidade que eu tinha para oferecer, recém-separada, atolada em problemas e morrendo de medo do meu ex e de qualquer envolvimento amoroso. Assim, enterrei para sempre qualquer sonho de romance perfeito que ele alimentava desde a adolescência. Soube que se casou novamente depois disso, e desejo, de coração, que esteja feliz, porque é um cara sensacional.

Voltando à década de 1980, depois de terminar com meu namorado paulista, continuei me apaixonando e desapaixonando, sofrendo e romantizando os "felizes para sempre", até que um dia, lá pelos idos de 1988, meus olhos bateram num veterano da escola. Era um garoto um pouco mais velho, que havia acabado de voltar de um intercâmbio nos Estados Unidos. Barba por fazer, mais alto que a média, e me lembrava muito, mas muito remotamente o Tadeu. Na verdade, era um Tadeu totalmente falsificado, mas isso bastou para transformá-lo no meu namorado pelos próximos cinco anos. Foi com ele que perdi a virgindade, aos 16, depois de um ano juntos. Fiz viagens maravilhosas com a família dele e vivi coisas que uma adolescente talvez não vivesse antes da maioridade. Com ele, aprendi o que era um namoro sério, comprometido, mas também cheio de ciúmes e brigas. Sua personalidade era mais introspectiva e nada afeita a demonstrações de carinho. Já eu, um furacão de emoções intensas, queria ser amada da mesma forma que demonstrava amor.

Um dia, me cansei de dar murro em ponta de faca e tentar transformar o coitado em alguém que ele nunca seria. Àquela altura, já não era tão menina assim. O pai dele já tinha comprado um apartamento para quando o filho quisesse se casar. Ele já era formado em Economia e eu estava quase me graduando em Publicidade. Não sei qual a conexão entre meus namoros e o Carnaval, mas, pra variar, terminei um longo relacionamento faltando poucos dias para começar a folia. Aceitei o convite de uma amiga que estava indo acampar com o namorado e uma turma. Era perfeito. Sem o "skidum skidum", poderia reencontrar minha essência em meio à natureza. Apesar de me considerar uma pessoa bem urbana (bastam três dias no meio do mato para eu querer voltar lambendo o asfalto), um Carnaval sem confete, marchinha ou namorado me soava maravilhoso!

A viagem de fato foi ótima, mas a solteirice durou pouco: acabei voltando com um novo par a tiracolo, aquele moço com quem fiquei por três anos. Se fizer as contas, dos 15 aos 20 anos, namorei um. Dos 20 aos 23, namorei outro. Tive duas longas convivências emendadas, sem trégua. Então, quando rompi o relacionamento de três anos, estava determinada a ficar sozinha por um tempo, comprometidíssima comigo mesma. Firme como prego na areia.

Minha resolução deu certo por 96 horas, quando encontrei o tal garoto em Ouro Preto. Os planos de passar um tempo sozinha, explorando minhas infinitas possibilidades, sofreram, mais uma vez, uma derrocada. ■

CAPÍTULO 4

● 26 DE FEVEREIRO DE 1996,
   VOLTANDO AO GAROTO DE OURO PRETO

Eu e meu novo paquera saímos no fim de semana após o Carnaval, e eu estava bem empolgadinha com a coisa toda. Na segunda-feira seguinte, ele faria 21 anos. Fui convidada para a festa, comprei uma lembrancinha e cheguei ao endereço marcado ansiosa para conhecer os amigos dele. Foi assim, desavisada de tudo, que me deparei com uma avalanche de pais, irmãos, tias, tios, primos, avó, cachorro e papagaio – tudo, menos amigos. Definitivamente não era o tipo de festa que eu esperava. Era uma reunião de família – e muita família para o meu gosto. Eu, que não era tímida, senti um misto de vergonha e espanto. Mal havíamos começado a sair e ele já estava me apresentando pra todo mundo! Ok, era tudo muito recente e ainda não havia nenhuma pretensão de namoro: não nos víamos com frequência, não havíamos falado sobre compromisso e nem foi feito um pedido oficial. Não havia nada além de pés flutuando, cabeça nas nuvens e uma curiosidade genuína sobre aonde aquilo ia dar. E deu, ou melhor, dei: naquele dia nós transamos pela primeira vez, no carro, numa rua escura e deserta.

● 2 DE MARÇO DE 1996

A reunião informal para comemorar o aniversário com os amigos aconteceu depois, no sábado seguinte. Oba, churrasco com a galera! Mais um convite. Mais um encontro. Mais beijos. Mais abraços. Mais risos. Mais, mais e mais. As delícias de um inicinho. Foi difícil ir embora aquele dia. Ele não deixava e eu não queria. Acabei sendo a última a sair. Só desconfiei que já eram quase dez da noite quando a mãe dele apareceu e me perguntou: "Você ainda está aqui?". Constrangida, pedi desculpas, peguei minha bolsa e casquei fora. Ficar com menino mais novo tinha dessas coisas.

● 6 DE MARÇO DE 1996

Haviam se passado uns vinte dias desde que eu terminara meu segundo namoro, aquele de três anos. Então, meu ex ligou. Sim, eu sabia que em algum momento aquilo aconteceria. Como o término resultara de um rompante de raiva, a conversa final e derradeira teria de acontecer em algum momento. Sempre achei que encerrar ciclos é uma coisa necessária. Marcamos um encontro naquela noite, depois do expediente. E aí, desejando começar o provável novo relacionamento com tudo às claras, tive um impulso de sinericídio e comuniquei ao pretendente que iria me encontrar com o ex-namorado.

Saímos, conversamos, choramos, colocamos os pingos nos "is", demos aquela última trepadinha clássica e nos despedimos com votos de que cada um achasse seu caminho de felicidade. Cheguei em casa por volta das duas da madrugada, com o cabelo molhado e uma fase encerrada na minha vida.

● 7 DE MARÇO DE 1996

O telefone tocou na agência e a secretária me passou a ligação. Era ele, o pretendente. Mas no tom de voz não havia mais nenhum carinho. Havia intimidação e um sopro gélido quando ele perguntou: "Como foi a conversa ontem?".

Não sei explicar como, mas, na hora, eu sabia que algo muito ruim ia acontecer. Fiquei sem chão, senti minhas bochechas queimarem e me faltou o ar quando ele começou a jogar na minha cara que havia esperado por horas, na porta da minha casa, só pra me ver chegar, com os cabelos molhados e uma sentença de vagabunda assinada na testa.

Eu acreditava verdadeiramente que precisava ir àquele último encontro com meu ex. Precisava do cara a cara no encerramento. Era o mais correto a se fazer. Claro que o sexo não estava nos planos, mas também era algo previsível. Na minha cabeça, o garoto é que era o novo na história e, mesmo com toda a empolgação inicial, eu tinha um passado que precisava ser encerrado. Quis ser justa com todas as partes envolvidas. Então, apesar da indignação por ter sido seguida e vigiada, naquele momento, com a adrenalina pinicando todo o meu corpo, vesti a carapuça da culpa e assumi a cagada, implorando perdão aos prantos.

E esse *mea-culpa* me fez refém dele por quase duas décadas. ■

> Apesar da indignação por ter sido seguida e vigiada, eu *vesti a carapuça da culpa* e assumi a cagada, implorando perdão aos prantos. E esse *mea-culpa* me fez refém dele por quase duas décadas.

CAPÍTULO 5

SOU FILHA da Yvonne e do Rafael. Tenho uma irmã seis anos mais velha e um irmão que nasceu quatro anos antes de mim, o que me coloca na posição de "caçulinha".

Minha mãe foi a mulher mais bonita e inteligente que eu conheci. Reconhecida como a aluna mais brilhante da sua turma de Direito da Universidade Federal de Minas Gerais, ganhou o importante Prêmio Barão do Rio Branco em 1966, época em que pouquíssimas mulheres faziam faculdade – o comum, até então, era ficar em casa cuidando das tarefas domésticas, do marido e dos filhos. Minha mãe já era casada e já tinha minha irmã, ainda um bebê, e mesmo assim conseguiu se destacar num universo predominantemente masculino, machista e desigual. No dia da premiação, apesar do boicote da energia elétrica para que ninguém visse que era uma mulher subindo ao palco, ela venceu uma sociedade patriarcal.

Já o meu pai, sempre acreditei que fosse a reencarnação de algum mestre budista – um poço de serenidade, equilíbrio e paz. Foi ele quem me ensinou que o amor é o lugar mais seguro do mundo. Guardo imagens de quando ainda era menina, sentada em seus ombros, fazendo penteados mirabolantes com os poucos fios restantes da sua careca, enquanto assistíamos ao Jornal Nacional, apresentado pelo Cid Moreira, na nossa TV Telefunken. Também me recordo do cheiro do pijama e do Phebo de rosas, o sabonete preto que ele usava e que eu adoro até hoje. Perdi as contas de quantas vezes dormi aninhada em seus braços, fugindo de pesadelos ou de um bicho-papão no meio da noite. Meu pai sempre soube fazer eu me sentir única, segura e amada.

Mas meus pais não eram felizes juntos, e o casamento acabou. Então, fui uma filha de pais separados numa época em que pais não se separavam. Para os outros, eu era "a filha da desquitada". Naquele tempo, o Estado determinava que um casal deveria ficar separado alguns anos antes de poder se divorciar oficialmente. Esse estigma não me afetava, mas, logo após a dissolução do vínculo matrimonial, meu pai recebeu uma proposta de emprego que o levou para mil e quinhentos quilômetros de distância, no interior da Bahia. Tê-lo tão longe de mim, isso sim me afetou. Na verdade isso me destruiu, porque, na minha mente limitada de 9 anos de idade, me senti abandonada. O que eu havia feito de errado para o meu pai se separar de mim? Eu não entendia. E essa falta de maturidade emocional, natural a uma criança, gerou um trauma que me fez passar os anos seguintes tentando fazer as pessoas felizes para nunca mais sentir aquela dor do abandono novamente. Ser "boazinha" era uma forma de ter a aprovação das pessoas que eu amava. Na minha cabeça, se eu fizesse as pessoas felizes, receberia o mesmo delas. Nunca me ocorreu que deveria fazer as coisas por mim mesma, para me sentir bem. Não sabia que tinha o poder de fazer isso sozinha.

Então, ao ouvir da boca daquele garoto, naquele telefonema, que eu não havia sido uma "boa menina" e que não seria mais amada por ter me comportado mal, meu mundo caiu.

Minha primeira reação foi assumir meu "enorme" erro. Sim, pisei na bola mesmo. Um caminho sem volta. Chorei, chorei demais, até secar. Por ter sido abandonada, por me sentir culpada e, principalmente, porque ele havia incutido em mim um sentimento até então desconhecido: o de que eu era "suja".[1] Eu não aceitava nem queria partilhar daquilo, e precisava mostrar que ele estava enganado. Eu não era assim. Então, liguei de volta implorando uma segunda chance.

Hoje, sei que era a última coisa que deveria ter feito. Eu tive indícios claros de que aquilo não daria certo, mas ignorei pelo desejo de ser amada. Precisava provar para ele que eu não era uma piranha sem escrúpulos. Coloquei um fósforo na mão do incendiário sem saber que, a partir dali, assinava minha sentença de quase morte.

E assim o namoro começou, desde o início completamente desequilibrado, cheio de dedos invisíveis apontados, acusações veladas e uma dose cavalar de culpa direcionados a mim todos os dias. Ele era o ditador das regras, e eu, a culpada por tudo, capaz de aceitar qualquer coisa para reconquistar a admiração daquele cara.

Vários sinais me mostravam a saída de emergência, mas eu não os enxergava. Me lembro, por exemplo, de quando ele marcava de se encontrar comigo às três da tarde e aparecia às nove da noite. A desculpa, sempre a mesma: ele estava trabalhando. E eu aceitava, mesmo que o cheiro de cerveja o denunciasse, que a imaturidade dos amigos de farra me incomodasse, que estivesse chateada por ele ter colocado nosso compromisso em segundo plano. Mesmo puta da vida, eu aceitava porque queria acreditar que ele gostava de mim pelo simples fato de que era o que saía daquela boca. Eu fechava os olhos para as atitudes e focava nas palavras doces, nas juras de amor, nas promessas lindas de que da próxima vez seria diferente, que aquilo não aconteceria de novo, e blablablá.

Até hoje tenho problemas com gente que não consegue ser pontual, e durante anos vivi com essa sensação horrível de estar sendo lentamente cozida em banho-maria. Tic-tac, tic-tac... "Estou saindo", "Já estou a caminho", "Só preciso atender um cliente". Tic-tac, tic-tac... "Calma, acabei de chegar em casa", "Só vou dar uma descansadinha", "Vou tomar um banho rápido e saio já, prometo". E eu lá de prontidão, sofrendo e esperando por horas e horas, sempre com a incômoda sensação de estar sendo feita de trouxa enquanto deixava de viver. Mas ele tinha créditos – afinal, pisei na bola primeiro. E quanto mais ele pintava e bordava, mais eu me responsabilizava, acreditando que, se não tivesse me comportado mal, tudo seria diferente. Isso só reforçava minha necessidade de provar que ele estava errado. Não importava o que fosse preciso: eu ia conquistar a confiança dele para ser digna daquele amor. Um círculo vicioso dos mais cruéis.

Nesse início, apesar dos problemas escancarados, ele sempre sabia o que dizer quando estávamos juntos. Era um mestre da sedução, e quando me elogiava, me fazia sentir a mulher mais especial do universo. E tinha o sexo... Nos banheiros dos barzinhos, no carro, na rua, no motel, onde quer que estivéssemos. O tesão era tanto que não tinha hora nem lugar para acontecer. Era uma aventura diária, e das boas.

Numa dessas saídas, às vésperas da Semana Santa, cheguei em casa com o dia clareando. Tínhamos ido ao Bar do Lulu, lendário reduto dos boêmios. A noite havia sido incrível e meus olhos brilhavam. Mas minha mãe não estava nada satisfeita com os rumos do namoro – sempre chegando de madrugada, brigando e fazendo as pazes, saindo de segunda a sexta. Eu e ela discutimos feio e, num rompante, disse que não se preocupasse, pois eu não era mais uma virgenzinha. O tapa que levei veio como um raio. Se a intenção era me afastar daquele relacionamento, o efeito foi contrário.

Liguei aos prantos para o meu namorado, a essa altura oficial, implorando para ser salva da "bruxa malvada". Naquela manhã, uma sexta-feira Santa, peguei uma muda de roupas limpas, enfiei numa mochila e parti de carro com ele, deixando pra trás uma mãe brava, mas também arrasada. Não havíamos programado aquela viagem. Então, antes de pegarmos a estrada, fechamos os olhos, apontamos os dedos às cegas para algum lugar no mapa, e Diamantina apareceu como destino. É óbvio que, em pleno feriado, era improvável achar um quarto de pousada disponível. Tudo estaria lotado. Mas era um imprevisto e, se precisasse, dormiríamos no carro.

O que me recordo dessa viagem foi de estar emocionalmente destruída devido à briga com a minha mãe. Não me lembro se dormimos no carro ou se tiramos a sorte grande em algum lugar barato, mas lembro que me senti compreendida, amada e acolhida. Depois disso, os laços foram se estreitando. Ele continuava chegando atrasado, continuava caindo na farra com os amigos e continuava pisando na bola. Mas eu sentia que estávamos avançando porque, além de me cobrir de promessas de um futuro brilhante, ele, agora, também dizia as três palavrinhas mágicas: "Eu te amo". Porém, afastando essa nuvem de pirlimpimpim que me deslumbrava, quanto mais eu andava na linha, mais ele sofria por ciúmes e ampliava seu controle sobre mim.

No início, eu acreditava que o excesso de controle e zelo era uma forma de amor. Os filmes, os livros, a sociedade tudo mostrava isso de forma romantizada. E, apesar do meu relacionamento já ser uma montanha-russa emocional, eu tinha comprado essa ideia. Se estávamos felizes e relaxados, a probabilidade de uma crise explodir do nada era ainda maior. As discussões se tornavam cada vez piores por motivos cada vez menores, e sempre começavam quando meu pecado capital, a minha "traição", vinha à tona. Num piscar de olhos, ele emburrava, nuvens escuras pairavam sobre nós e a noite acabava. A raiva, a mágoa e as acusações despencavam sobre mim com a frieza de uma tempestade mortal. Eu vivia tensa, pisando em ovos e tentando evitar a fúria, o surto intenso seguido de silêncios prolongados a cada vez que ele sentia sua autoestima abalada. Para mim, as sequelas daqueles arroubos eram devastadoras, pois me pegavam completamente de surpresa. Me via tentando apaziguar, agradar e relevar tudo para que as coisas voltassem ao normal. Já nem podia perguntar o porquê daquilo sem receber de volta um "Ah, você não sabe? Então você é santa, né?", transformando a dor e a insegurança que ele sentia em um ataque cruel, uma forma de defesa. Era enlouquecedor.

Aos quatro meses de namoro, ouvi as primeiras ofensas verbalizadas. A primeira vez que você é chamada de vadia, piranha e vagabunda pelo mesmo homem que diz que vai te amar e cuidar de você para sempre é inesquecível. Eu não tinha a menor ideia, mas estava me enfiando de cabeça num relacionamento abusivo, cheio de altos e baixos, repleto de idas e vindas infernais.[2]

A mulher que vive com um parceiro assim tem, acima de tudo, uma fé absurda e cega de que ele vai mudar, de que "dessa vez" ele se arrependeu e vai fazer de tudo para ser diferente. Uma hora você está no paraíso com o homem que sempre sonhou, que te cobre de elogios e carinhos e, de um segundo para o outro, não reconhece mais essa pessoa. Ele era astucioso com as palavras, um sedutor nato, orquestrando meus ouvidos com promessas que, na maior parte das vezes, nunca se concretizavam, mas me faziam sonhar com um futuro incrível. Sabia me levar às alturas só para ter o prazer de me jogar lá de cima e vir me salvar em seguida. Era um ciclo doentio que se perpetuava enquanto uma parte alimentava a outra. Mas, entre uma coisa e outra, o sexo era ótimo. Além das palavras, ele também sabia usar a língua para me amaciar.

Sem que percebesse, minha autoestima e individualidade estavam sendo destruídas a cada vez que eu deixava de me impor para agradá-lo e evitar conflitos. Eu era como o sapo que, ao ser colocado num recipiente com a mesma água da lagoa, não reage ao gradual aumento de temperatura e morre quando o líquido ferve. Foi assim comigo, e é assim com mulheres do mundo inteiro. ■

📝 NOTAS DA AUTORA:

1. Abusadores têm a tendência de fazer o que chamamos de projeção: eles descarregam seus atributos pessoais e os projetam no outro, deixando, assim, de se responsabilizarem pelas próprias falhas. A projeção psicológica reduz a ansiedade por permitir a expressão de impulsos inconscientes, indesejados ou não, fazendo com que a mente consciente não os reconheça e tirando do indivíduo a responsabilidade por aquilo que tem origem no *self* – ou seja, que acontece no interior da mente.

2. *Do inferno ao céu e do céu ao inferno: tensão, explosão, juras de amor – Como funciona o ciclo do abuso*

As relações tóxicas, abusivas, destrutivas e doentias envolvem, não raro, indivíduos com características do Transtorno de Personalidade Narcisista (TPN) ou Antissocial de um lado e, do outro, pessoas exacerbadamente empáticas ou emocionalmente dependentes. Nesse tipo de relacionamento, não importa o que aconteça: a parte que se submete não consegue se desvencilhar, mantendo-se fiel ao abusador como se estivesse quimicamente viciada e emocionalmente cega.

Basicamente, o ciclo infernal e ininterrupto do abuso funciona assim:

(A) **Fase da tensão:** tudo irrita o agressor. É praticamente impossível prever o que pode desencadear o conflito, já que os motivos são quase sempre insignificantes. A tensão se torna palpável de uma hora para a outra, e a vítima passa a pisar em ovos para evitar o conflito e tentar reverter o comportamento do parceiro. Há interrupção brusca de comunicação, e o abusador usa do silêncio passivo-agressivo para se manter no controle. O alvo sente medo e confusão mental, passando a tentar apaziguar e compensar a pessoa abusiva na esperança de reverter a situação. Muitas vezes, a vítima acaba se desculpando por algo que não fez.

Ⓑ **Fase da explosão:** no ápice do conflito, a irritabilidade e o silêncio agressivo evoluem para ataques de fúria. São muitas as possibilidades de abuso: verbal, emocional, físico, sexual, moral e até financeiro. Há brigas, gritos, xingamentos, tapas, empurrões, socos, chutes, ameaças, intimidação, retaliação e culpabilização. Inicialmente, a vítima diz a si mesma que não vai tolerar aquilo, mas, desgastada pelo conflito, se sente coagida e fragilizada, acabando por voltar atrás.

Ⓒ **Fase da reconciliação ou lua de mel:** na tentativa de colocar um ponto final na situação, a vítima diz que vai embora. O abusador, então, se desculpa ou encontra desculpas para o seu comportamento – álcool, drogas, estresse, ciúmes, dinheiro. Não raro, culpa a própria vítima por ter-lhe feito "perder a cabeça", por ter criado aquela situação que resultou no incidente. Algumas vezes, nega que o abuso tenha ocorrido ou que tenha sido tão grave quanto o alvo afirma. Minimiza e estipula "novas regras". Faz inúmeras promessas e juras de amor. Passa a se esforçar para não provocar novos conflitos.

Por um breve período, a vítima vê uma luz no fim do túnel. O "incidente" é esquecido. Há uma pausa nos comportamentos abusivos, dando início a uma fase de "lua de mel". A vítima começa a se convencer de que o acontecido não merece importância e acaba deixando pra lá. Sua crença na relação se fortalece novamente.

Volta-se à fase **A**.

CAPÍTULO 6

● DEZEMBRO DE 1997

A primeira cervejaria artesanal de Belo Horizonte havia acabado de ser inaugurada no bairro Belvedere. Era um conceito novo para os padrões da cidade, com fábrica e bar funcionando no mesmo local.

Naquela época, quase completando dois anos de namoro, estávamos mais uma vez brigados. Já era uma dinâmica conhecida: ele surtava dizendo que eu era uma vadia e traidora desde o início, depois sumia por algumas horas ou se afastava por poucos dias. Se vingava me traindo e, mais calmo e autoconfiante, voltava para me pedir desculpas. Desconfiava que ele era infiel, mas cadê as provas? Eu apenas vestia aquele sentimento de insegurança terrível como se fosse uma segunda pele. Éramos eu, ele e a corda bamba.

Para ser justa, devo admitir que, apesar dos atrasos frequentes, ele realmente trabalhava muito. Era ambicioso e incansável. Quando o conheci, sentada naquela calçada em Ouro Preto, lembro que uma das coisas que mais me chamou a atenção foi a atividade que ele exercia. A família era dona de uma fábrica de jogos – sinuca, fliperama, *jukebox*, aquelas máquinas de pegar bichinho de pelúcia, entre outros. Achava aquilo muito mais bacana que ser advogado ou engenheiro.

Ele era um empreendedor nato e estava sempre buscando novas formas de fazer mais e mais dinheiro. Era capaz de colocar uma turma para vender água mineral no semáforo num dia e, no outro, uma máquina de churros no centro da cidade. Abria um bar num mês, desenvolvia outra ideia mais lucrativa e mirabolante no outro. Verdade seja dita, sempre foi um empresário e sabia tirar dinheiro de pedra. Eu apoiava vibrando a cada nova grande sacada e criando logomarcas, rótulos, adesivagens personalizadas para as máquinas e tudo o que cada nova atividade exigia para se diferenciar dos concorrentes. Mesmo muito jovem, então, ele já tinha uma condição financeira excepcional e gostava de se recompensar com carros de luxo e motos caríssimas – uma combinação irresistível para muitas mulheres. Para mim, no entanto, se meu namorado me tratasse bem, fosse fiel e pontual, bastava que a condução tivesse rodas.

Mas voltando àquela noite, havíamos saído para conversar e tentar ajustar os ponteiros, já que estávamos terminados mais uma vez. Ao me buscar em casa com o carrão da vez, um Chevrolet Omega preto, ele disse que iríamos ao lugar que eu tanto queria conhecer – a tal cervejaria. Mas, outra vez atrasado, chegamos lá bem tarde, pouco antes da meia-noite.

O bar estava lotado. Devido ao horário, quem tinha de chegar já estava lá, e ainda era cedo para pedir a conta. Foi difícil estacionar e acabamos parando longe, numa rua bem íngreme e erma. Ficamos até umas 3 da madrugada, tempo suficiente para ele me passar a lábia e fazermos as pazes. Na dinâmica do relacionamento, meu namorado era o cara bacana, a ciumenta era eu. Me recusava a acreditar que ele fosse realmente infiel. Afinal, ele dizia com tanta convicção que me amava e que eu era a mulher da vida dele, não é?

Quando enfim saímos do bar, ambos sedutoramente bêbados, a rua estava deserta. Um carro aqui, outro ali, e o carrão preto e reluzente lá longe. Fomos caminhando, novamente enamorados e nos sentindo vitoriosos – eu, por ter superado mais um obstáculo na relação, e ele, por ter conseguido me fazer acreditar em mais uma mentira.

Entramos no carro e voamos um no outro, cheios de desejo. Um sarro incrivelmente gostoso. Estava ficando viciada naquela adrenalina pós-discussão. Era nosso combustível, já que tudo sempre acabava em sexo, principalmente as brigas. A gente podia ter todos os problemas do mundo, mas química não era um deles.

Pelo vidro embaçado, percebemos as luzes de freio de um Fiat Palio laranja-metálico, novinho em folha, que estacionou na frente do Ômega. Dele saíram dois caras bem-apessoados, o que, na minha ingenuidade, amenizou qualquer possibilidade de perigo. O tesão falou mais alto que a prudência e continuamos despreocupados, até que um grito nos tirou do transe: "Desce do carro, filho da puta! A menina fica". Numa reação instintiva, sem pensar nem por um milésimo de segundo, ele respondeu: "Minha mulher vocês não levam".

A partir daí, foi como se eu tivesse sido transportada para uma dimensão paralela. Tudo acontecia em câmera lenta, como se estivéssemos embaixo d'água, e ao mesmo tempo tão rápido que as cenas se misturavam em borrões.

Só me lembro do carro descendo de ré na rua íngreme e do cara que estava de frente para o capô correndo, tentando nos acompanhar, enquanto descarregava uma pistola calibre 38 em nossa direção. O outro homem, que havia nos abordado, também vinha ladeira abaixo, o braço armado enfiado pela janela do nosso carro, atirando no freio, no console e onde mais conseguisse acertar. Me recordo de ficar imóvel, sentindo as balas passarem por mim. "Parece estalinho de festa junina. Será que são de verdade?", pensei. Entendi que eram quando o para-brisa estilhaçou em mil pedacinhos e dois pneus explodiram, fazendo o carro perder o controle, girar 180º num cavalo de pau, bater no meio-fio e rasgar os outros dois pneus restantes. O Ômega derrapou por mais alguns metros antes de parar, e então, para o nosso desespero, a chave caiu da ignição. "Então é assim que vou morrer?", pensei, trêmula, certa de que os homens chegariam a qualquer momento para terminar o serviço. "A chave, Dani!", meu namorado sussurrava. "Me ajuda a achar a chave ou me dá qualquer chave!" O pânico na voz dele me obrigou a reagir. Era um tom que eu nunca tinha ouvido. Transbordava medo onde antes só havia valentia.

Se milagres existem, nesse dia fui a prova viva de um. Por algum motivo que até hoje não entendo, o carro ligou com a minha chave do portão. Sim, a minha chave de casa. Parece mentira, mas não é. E foram esses lapsos de tempo, quando o motor morreu, que me permitiram estar aqui hoje contando essa história: graças àqueles intermináveis segundos com o carro imóvel, os dois homens, certos de que estávamos feridos ou mortos, acabaram fugindo.

•

Com o carro ligado, o alívio se transformou rapidamente em urgência de sair dali. Meus ouvidos zumbiam devido aos tiros, mas o silêncio entre nós era sepulcral. Me recordo de ver minúsculos pontinhos vermelhos na blusa branca do meu namorado e pensar que a adrenalina bloqueara a dor de ter sido alvejado. Enquanto ele dirigia, fui tirando o resto das nossas roupas e apalpando tudo para ver de onde vinha o sangue. O contato do aço das rodas com o asfalto fazia um barulhão, soltando faísca por conta do atrito. Ainda assim, o silêncio era opressor. O estado de choque não permitia que minha voz saísse, mas os pensamentos urravam: "Acelera e não para. Não para esse carro, pelo amor de Deus".

Cerca de um quilômetro e meio depois, ficou impossível prosseguir devido à fumaça dos pneus. Havia um posto de gasolina 24 horas bem próximo, mas também vizinho à favela do Morro do Papagaio, do outro lado da avenida Nossa Senhora do Carmo. Precisávamos fazer o retorno que levava à pista oposta.

Meu namorado, então, saiu do carro para avaliar os danos materiais, já que os emocionais eram grandes demais para serem mensurados naquele momento. O Ômega tinha virado uma peneira. Não havia mais para-brisa, e os dois encostos de cabeça explodiram junto com o console e o porta-trecos, que ficava entre os bancos do motorista e do passageiro. O pedal do freio foi atingido, a lataria estava toda furada, isso sem contar os pneus... Mas estávamos vivos e milagrosamente intactos, com apenas alguns arranhões causados pelos estilhaços de vidro.

Acontece que a desgraça anda em bando, e quando nos demos conta, cerca de oito caras mal-encarados vinham em nossa direção. Pareciam ter péssimas intenções. Havíamos escapado da morte para cair em outra roubada.

Quando já não tínhamos esperanças, nossos anjos da guarda – completamente exaustos – interviram mais uma vez. Um dos homens reconheceu meu namorado, que instalava fliperamas e mesas de sinuca nos botecos do Morro, e sinalizou para os outros. O que achávamos ser um assalto, na verdade, acabou virando ajuda, e conseguimos chegar até o posto.

Ali, na presença de um grupo de jovens que bebia cerveja na loja de conveniência, nos sentimos mais seguros e, aos poucos, fomos voltando à realidade. O estado de alerta se dissipou e nós dois desabamos, chorando abraçados por muito tempo. O que deveria ser mais um motivo para me fazer sair correndo daquela relação só serviu para me prender ainda mais a ela. "Minha mulher vocês não levam." Durante anos, essa frase me deu a sensação equivocada de que eu tinha ao meu lado um príncipe encantado para me salvar de qualquer perigo e me proteger em qualquer circunstância.

Completamente em choque, demoramos muito, cerca de duas horas, para entender que precisávamos de ajuda. Ligamos para o irmão mais velho dele, que veio ao nosso encontro, e só então chamamos a polícia.

A partir daí, não me lembro de muita coisa, só de ter ido para a delegacia com o sol raiando e de chegar em casa com o sol a pino. Minha mãe berrava de desespero enquanto tudo que eu queria era colo.

Foi preciso muita terapia para superar esse episódio. Sentia medo até da minha sombra. Se um balão de aniversário estourasse ao meu lado, era capaz de desmaiar. Com o tempo, porém, fui voltando à realidade. Só depois de anos recebi uma informação meio desencontrada de que o acontecido, que eu considerava uma tentativa de roubo e estupro, tinha sido uma emboscada para ele. ▪

CAPÍTULO 7

OLHANDO PARA TRÁS, vejo que nosso namoro não teve grandes episódios felizes. Eu era apaixonada pelo amor e por todas as possibilidades que o amor poderia me trazer, e isso, por si só, já me deixava feliz. Nos últimos anos, após nossa separação, viajei para lugares novos, conheci pessoas diferentes e me diverti muito mais do que nos vinte em que estivemos juntos. Ele raramente comprava minhas ideias: quando não estava ocupado com o trabalho, dizia que não queria gastar dinheiro ou inventava outra desculpa para justificar o fato de que não sabia viver.

Lembro que no inicinho do namoro tentei propor uma rotina de passeios diferentes e viagens românticas, até perceber que daquele mato não sairia sequer um pernilongo, quem dirá um unicórnio. Durante os anos que ficamos juntos, principalmente após o casamento, esse era um ponto de conflito. Depois que virei mãe, conseguia ir à praia com minhas filhas, mas sem a companhia do meu marido e desde que eu pagasse tudo. Era bem conveniente: eu ficava na casa do meu pai, e ele, a milhares de quilômetros, livre para fazer o que quisesse. Numa dessas vezes, inclusive, recebi uma multa pouco depois de chegar de viagem. Meu carro, que havia ficado em Belo Horizonte, foi fotografado por um radar em frente a um motel.

Em quase duas décadas, viajamos muito pouco juntos, a maioria das vezes no primeiro ano de namoro, e todas associadas a lembranças muito difíceis e pesadas.

● BUENOS AIRES E BARILOCHE

Era pra ser nossa primeira viagem romântica. Três meses de namoro. Fechamos o pacote. Tudo pago, tudo certo. De repente, um imprevisto no trabalho. Ele não poderia deixar a cidade na data marcada. Melou. Me recordo de ir à agência de turismo no dia seguinte, morrendo de vergonha, para pedir nosso dinheiro de volta. Lá estava eu, sozinha, tentando resolver um problema criado por ele. O primeiro de muitos, como descobriria nos anos seguintes.

● SÃO PAULO

Todos os anos ele ia com o irmão, um funcionário ou um amigo de farra para a maior feira de jogos da América Latina, que acontecia em São Paulo. Era lá que, além de acesso às novidades do ramo, tinham passe livre para a pegação, já que iam "a trabalho" com o *habeas corpus* das namoradas e esposas.

Com quatro meses de namoro, ele me convidou. Foi o único ano em que isso aconteceu. Talvez por ainda ser uma novidade, ou para tentar compensar a viagem frustrada a Buenos Aires.

Fomos no meu carro, nós dois e um funcionário. Pegamos um engarrafamento monstro na estrada e chegamos muito tarde e bem cansados em São Paulo. Nada era organizado ou planejado, então não me surpreendeu o fato de, em plena madrugada, não termos um hotel para ficar.

No início do namoro, quando você é jovem e está apaixonada, isso pode soar como uma aventura empolgante e divertida, mas, com o passar dos anos, se torna uma baita insegurança.

Acabamos pernoitando numa pocilga perto da região dos puteiros, os três amontoados no mesmo quarto. Quando me lembro desse episódio, só me vem à cabeça a lata de tinta que substituía o pé de uma das camas. Isso e ele forçando a barra, querendo sexo de madrugada com o amigo dormindo no mesmo quarto. Constrangedor. Era uma esticada de corda depois da outra.

● ARUBA E CURAÇAO

A terceira viagem da lista, na prática, foi nossa segunda, já que a de Buenos Aires furou.

Fomos passar uma semana entre Aruba e Curaçao, aos nove meses de namoro. Hotel lindo. O mar de um azul que nunca vi igual. O cheiro delicioso da omelete servida no café da manhã do *resort*... e uma dor latejante no peito por só conseguir me lembrar dessa experiência como um atraso de vida.

O que era para ser as férias dos sonhos se transformou num verdadeiro pesadelo. Foram sete dias intensos de puro emburramento a cada vez que ele se lembrava da minha "traição". Virava noites sob um interrogatório cerrado que se estendia por horas: "Com quantos você já transou? Como foi? Quero saber os detalhes. O que ele fazia melhor do que eu? Fala de novo para eu ter certeza que você não tá mentindo ou omitindo nada. Queria que isso nunca tivesse acontecido! Se eu pudesse, apagaria todo o seu passado". Depois do interrogatório, o julgamento recheado de ofensas e palavras cruéis: "Piranha! Eu devia ter pulado fora antes de me apaixonar por uma vagabunda!".

Apesar do cenário paradisíaco e do pouco tempo juntos, eu já era uma sobrevivente daquele relacionamento – o tempo todo implorando, chorando e pedindo perdão pelo meu passado. Os ataques de violência psicológica e verbal eram sempre seguidos de um período de silêncio absoluto em que ele me ignorava por horas, ou sumia, dependendo da gravidade das paranoias que alimentava. Então, voltava apenas para começar tudo de novo. Era exaustivo.

Ali, em Aruba, talvez por estarmos longe de tudo e de todos, foi a primeira vez que senti a real intensidade do desprezo e da fúria punitivos do silêncio. Nos anos que se seguiram, isso se tornou frequente, e com um detalhe a mais: o "tratamento de gelo" vinha, geralmente, acompanhado de traição da parte dele como forma de vingança pelos meus atos do passado. Ele queria saber absolutamente tudo o que eu havia vivido antes do namoro, e costumava dizer que, se pudesse, me trancaria no armário, abrindo "só pra dar uma cheiradinha de vez em quando". Super romântico, né? Só que não.

Quando as brigas não eram sobre meu passado, eram tentando extrair leite de pedra sobre meus supostos "amantes", frutos do delírio dos ataques de ciúmes excessivos e completamente sem fundamento. E isso se prolongava noite adentro, com ele esperando me pegar no pulo das "mentiras" que eu devia estar contando. Simplesmente não havia o mínimo entendimento e aceitação de que tive uma vida pregressa. Na verdade, ele queria tanto que eu sentisse vergonha e culpa pelas coisas que havia vivido antes dele que, quando voltamos dessa viagem, me fez queimar todas as lembranças de ex-namorados, incluindo fotos de viagens, souvenirs, agendas (até aquela de 1986, com coraçõezinhos no nome do Tadeu), cartinhas e tudo que significava uma história – a minha história. E eu aceitei, porque queimar tudo aquilo era uma esperança de paz no futuro, uma forma de recomeçar do zero. Ledo engano.

📝 NOTA DA AUTORA:

Anos depois, descobri que o "tratamento de gelo" é uma tática clássica de abusadores narcisistas. Costuma ser utilizada nas seguintes situações:

(A) Quando você age contra as regras estipuladas por ele.

(B) Quando você o confronta ou tenta impor limites.

(C) Por pura paranoia. Nesse caso, você não precisa ter feito nada de diferente. Basta um pensamento indesejado para ele, como imaginar você o traindo porque demorou no banheiro.

Qualquer uma dessas atitudes é o suficiente para que a pessoa abusiva te ignore a ponto de você se sentir invisível. E não espere justificativas. Muitas vezes você não tem a mínima ideia do que está acontecendo, já que há poucos minutos vocês estavam rindo juntos. Essa postura gera na vítima uma confusão mental e uma insegurança imensas: sentindo culpa e medo, você questiona por que ele não quer falar com você – "O que está acontecendo?", "O que eu fiz?", "Por favor, me explica". É nessa parte que você começa a migalhar e implorar por atenção.

Outra estratégia clássica do abusador é o "chá de sumiço", que consiste em deixar a vítima completamente insegura e com medo de ser abandonada em um momento vulnerável.

O que o abusador ganha com isso? Controle da situação, é claro. Por meio dessa tática, ele subjuga e isola a vítima, fazendo não só com que ela implore por afeto e atenção, mas também que peça desculpas por coisas que não fez.

O tratamento de gelo é, acima de tudo, uma forma de adestramento. Atingido o objetivo, o abusador volta a agir como se nada tivesse acontecido.

● GUARAPARI

Mineiro que nunca se banhou nas praias do Espírito Santo é coisa rara. Naquele Carnaval de 1997, eu iria finalmente entrar para as estatísticas e conhecer Guarapari.

Havíamos acabado de fazer um ano de namoro e fomos convidados por uma amiga minha – a mesma do dia que nos conhecemos – para ficar num apartamento perto da praia. Não me lembro mais o motivo, mas, pra variar, brigamos no primeiro dia. Ele desceu pra muvuca, e fui saber depois que havia ficado com uma menina. Nós terminamos. Ele bebeu todas. Foi parar no hospital em coma alcoólico e sobrou pra mim ir buscá-lo. Devia ter deixado que apodrecesse lá, mas fui. Acreditei nas lágrimas de crocodilo quando ele alegou que estava bêbado e não sabia o que estava fazendo. Perdoei.

Como eu não conseguia odiá-lo, mas precisava odiar alguma coisa, decidi detestar Guarapari com todas as minhas forças. Nunca mais voltei à cidade. Passou da hora de retornar com outros olhos.

● SALVADOR

Quase completando dois anos de namoro, fomos para Salvador. Falo Salvador mas, na verdade, é Lauro de Freitas, cidade a vinte minutinhos do aeroporto em direção à Praia do Forte. Meu pai foi transferido para Feira de Santana na década de 1980 e comprou uma quitinete para irmos quando quiséssemos passar uma temporada na praia. Depois de Ubatuba, que tinha ido pela última vez aos 19 anos, aquela era minha faixa de areia e mar, meu destino nas férias.

Na época, o filme *Titanic* estava nas telas do cinema. Me lembro de alguma leveza desses dias, algumas risadas, massagem nas costas, pôr-do-sol e, como não podia deixar de ser, de me meter numa encrenca enorme. Certa manhã, ele resolveu atravessar um braço do rio que encontrava naquele ponto com o mar. Cismou de caminhar até a outra margem, mesmo sabendo que a maré subiria e que ficaríamos impossibilitados de voltar se não fôssemos rápido. Insistiu tanto que eu cedi – e é claro que deu errado.

Ficamos ilhados do outro lado. Isso implicava em uma volta de quilômetros pela estrada. Tivemos que voltar de carona, eu de canga e biquíni, escondidos na caçamba de uma caminhonete, debaixo de um colchão, para o motorista não ser multado na barreira policial. Minha vida com ele era assim, uma falta de glamour e uma transgressão atrás de outra. Só confusão.

Depois dessa vez em 1998, voltamos juntos a Salvador, mas já casados, e apenas umas duas vezes. Sempre rapidinho, no máximo uns quatro dias juntos. Eu ia sempre, mesmo sem ele, depois que minhas filhas nasceram. Ia e ficava uns dez dias.

● FORTALEZA

Quase me esqueci dessa viagem. Em 1999, fomos passar o Réveillon em Fortaleza antes que o bug do milênio e as profecias de Nostradamus acabassem com o mundo. Mas o que era para ser um passeio turístico acabou se transformando em trabalho: ficamos rodando a cidade, num calor capetônico, para estudar a viabilidade de abrir uma filial da empresa dele ali. Para me convencer a trocar a praia pelos botecos de sinuca, vinha com mil promessas de casar quando fôssemos morar no Nordeste. E a boboca aqui caiu direitinho na conversa furada.

Depois dessa viagem, demoramos anos para fazer outra. Quando nos casamos, não houve lua de mel porque ele preferiu comprar um ofurô de jardim com capacidade para umas oito pessoas. No decorrer dos anos, a banheira virou uma piscina de Aedes aegypti, e na primeira oportunidade após o divórcio mandei arrancar aquele elefante branco dali. Só voltamos a entrar num avião cinco anos após a ida à Fortaleza, em 2005. Na ocasião, eu estava casada há três anos e já era mãe.

● BUENOS AIRES

Em 2005, eu estava desesperada para viajar. Então, dei de presente para nós uma escapada para Buenos Aires no Dia dos Namorados. Nossa primeira filha estava com 10 meses e eu já estava retomando meu pique, assim como meu corpo. Ele sempre exigiu que eu estivesse em forma, apesar de odiar academia com todas as minhas forças. Como se minha aparência fosse uma condição para a fidelidade. Para acelerar o processo, comecei a correr três vezes por semana com um *personal trainer*.

Após noites e mais noites em claro devido à maternidade, além de horas de mau-humor contabilizadas por causa do regime, um fim de semana tomando vinho, comendo bem e sem culpa e assistindo a shows de tango não seria nada mal. Então, quis fazer uma surpresa: fui à agência de turismo e comprei o pacote turístico para a capital portenha. Em seguida, combinei com a minha sogra para deixar a pequerrucha com ela durante os quatro dias de viagem. Sempre fui criativa, e queria que a ocasião fosse inesquecível. Bolei um plano.

Um mês antes de embarcarmos, contratei uma fotógrafa profissional, maquiei, arrumei o cabelo e fiz fotos lindas, super sexys. Depois, fui para o computador e, como sou *designer*, criei uma revista *Playboy* personalizada, idêntica à original. Tinha seção de piadinha, obviamente muitas fotos, entrevista com a coelhinha da capa (eu) contando nossa história com detalhes picantes e tudo que o leitor (no caso, ele) tinha direito. Até índice a porcaria da revista tinha. Modéstia à parte, o resultado ficou sensacional. Mandei imprimir em policromia no papel couché, paginei tudo, grampeei, um capricho só. Ficou lindo. Coisa de profissa. Então fui numa banca, comprei a *Playboy* de verdade daquele mês, encartei minha revista junto, mandei selar as duas em plástico transparente e guardei para dar na hora do embarque, fingindo ter comprado na livraria do aeroporto.

A primeira reação dele foi ficar irritado porque eu tinha enviado fotos para a *Playboy* sem pedir permissão (o conceito de "meu corpo, minhas regras" não existia). Até explicar, demorou. Depois que ele entendeu, ficou todo pomposo. Tão pomposo que, enquanto eu tomava um café, mostrou a revista para o recepcionista do hotel para tentar barganhar um quarto melhor, alegando que eu era uma celebridade no Brasil. Desse jeito.

•

Tornamos a falar em viajar por volta de 2008, quando eu estava grávida da minha segunda filha. Nesse intervalo de anos, nem pequenas viagenzinhas ou escapulidas no fim de semana. Até que surgiu uma oportunidade profissional: ele iria para uma feira importante na China, onde passaria um mês. No caminho de volta, nos encontraríamos em Paris para passar cinco dias juntos. Mas, graças a uma briga horrível que tivemos um dia antes dele embarcar, entrei em trabalho de parto e a viagem foi pro beleléu. Daqui a pouco eu volto nessa história.

CRUZEIRO MARÍTIMO PELA COSTA BRASILEIRA

Em 2012, com dez anos de casada, duas filhas e nenhuma viagem em família de peso no histórico, lá fui eu comprar um cruzeiro de quatro dias para nós quatro.

Raspei minha poupança, que há anos juntava para a tão sonhada mamoplastia, pensando: "Deixa o peito caído mesmo. A viagem vai ser ótima pra gente".

Não preciso nem dizer que foi um desastre. Ele passava os dias na piscina do convés tomando sol, bebendo cerveja e admirando as mulheres de biquíni desacompanhadas. E eu? Bom, eu ficava andando quilômetros pra lá e pra cá atrás das nossas filhas pequenas. Sempre sozinha, mais uma vez.

Pouco depois de voltarmos para casa, um funcionário e grande amigo dele, que o acompanhava nas farras, morreu assassinado. Havia cantado a mulher de outro durante o Carnaval e a briga não acabou bem. Depois disso, meu marido entrou na "crise do lobo" e resolveu que precisava viver a vida a qualquer custo. Saiu de casa, e acabei descobrindo pelas redes sociais que estava tendo um caso há meses com uma fedelha de 18 anos.

Ficamos mais de três meses separados, e no final de 2012, numa promessa de resgatar a família, fizemos nossa última viagem para passar o Réveillon na Disney. Mas isso rende um capítulo à parte. ■

> Eu acreditava que o excesso de controle e zelo era *uma forma de amor*. Os filmes, os livros, a sociedade – tudo mostrava isso de *forma romantizada*.

CAPÍTULO 8

DE VOLTA a 1997, fui convidada para abrir uma agência de publicidade com mais dois sócios. O fato de serem dois homens gerou um estresse danado. Mesmo assim, era minha carreira. Éramos namorados e ele não pagava minhas contas, e essa autonomia felizmente ainda me dava a liberdade de fazer escolhas. Não pensei duas vezes e agarrei a oportunidade. Queria ter minha independência financeira.

Começamos numa salinha apertada, mas com menos de um ano nos mudamos para uma casa incrível, de três andares, estilo *loft*. Dividíamos o espaço com outros profissionais – uma empresa de vídeo e um fotógrafo renomado. Estávamos crescendo e, aos pouquinhos, conquistando mais clientes.

Nessa época, fechamos um contrato com uma rede de restaurantes bem conhecida na cidade. Negociamos que uma parte do pagamento seria em dinheiro e a outra em permuta. Éramos jovens, e permuta significava comida e chope na cota dos três sócios por um bom tempo.

A conquista merecia uma comemoração. Na semana que fechamos a parceria, então, fomos brindar ao futuro promissor. Na verdade era só um *happy hour* rápido, um momento para falar sobre a vida, o trabalho e nossas perspectivas num ambiente mais descontraído. Nada de mais. Mas essa trivialidade gerou uma explosão de proporções atômicas.

Assim que cheguei ao restaurante, meu namorado ligou querendo saber onde eu estava e o que era aquele barulho todo no fundo. Contei o motivo da comemoração e perguntei se ele queria se juntar a nós. Pouco tempo depois ele apareceu, mas não com o intuito de nos fazer companhia, e sim de me fiscalizar. Com uma cara medonha, não cumprimentou ninguém ao chegar e, sem se sentar, disse que estava me esperando lá fora. O clima ficou tão pesado que dava para cortar com faca e servir no lugar da refeição.

Com os olhos marejados, migalhei desculpas, acertei minha parte da comanda, pedi licença e saí. Estava completamente envergonhada por aquela cena. Quando cheguei na rua, a expressão dele era de puro ódio – os olhos faiscavam, o maxilar travado, o punho cerrado. Ali mesmo, na frente do meu novo cliente, começou a espumar ofensas sem se preocupar com o volume ou o tom da voz. Gritava e me chacoalhava pela lapela do casaco de couro, que descosturou. Ele me enfiou no carro e pegou a BR-040, indo na velocidade da luz em direção ao Rio de Janeiro. Só me lembro das ameaças picadas: "Jogar o carro...", "...viaduto", "acabar logo com essa merda". Também me lembro de sentir muito medo, a ponto de segurar a respiração para não despertar ainda mais a ira dele. Depois de longos quilômetros e minutos que pareceram horas, a fúria foi diminuindo, foi passando, foi sumindo. Mas o meu medo, não.

Naquela noite, quando ele me deixou em casa, eu terminei o namoro. Uma amiga iria chegar da Bahia no dia seguinte para conhecer Belo Horizonte. Aproveitei a deixa, enfiei minha mala no carro e, sem dar maiores satisfações, caímos eu e ela no mundo, fugindo dele como o diabo foge da cruz. Estrada era tudo que eu precisava para afastar meus medos mais sombrios. Éramos duas jovens – Miss Acarajé e Senhorita Pão de Queijo – desbravando cidades históricas. Destino: Ouro Preto, Mariana, Congonhas, Tiradentes e Lavras Novas. Foram dias de riso solto, de leveza e de oxigênio. Dias em que eu pude voltar a respirar.

Um dos meus sócios, que tinha ido passar o fim de semana com os amigos ali perto, nos encontrou no final da viagem. E lá, no meio das montanhas, minha amiga baiana se apaixonou perdidamente por Minas e pelo mineiro. Eu também dei uns beijinhos num amigo da turma, mas não passou disso.

Após uma semana, nossas miniférias tiveram fim. Ela voltou para Salvador, eu voltei para a minha rotina e meu namorado voltou para a minha vida.

Logo no dia em que cheguei, ele começou a ligar sem parar. Dia e noite, não importava o horário. Quando eu não atendia o telefone, que minha mãe chegava a tirar do gancho para parar de tocar, ele aparecia no portão e começava a tocar a campainha. Ninguém mais tinha sossego. Era surreal.

Mas a urgência metálica do combo telefone-campainha não estava dando muito certo. Então, depois de uns dois dias, um caminhão-baú estacionou na frente da garagem e dois moços começaram a descarregar flores e mais flores em vasos, buquês, arranjos, de tudo que era jeito. Só não tinha saquinho de semente e samambaia. Na escadaria da casa em que eu morava faltavam degraus livres, todos ocupados por flores. Junto a elas, um pedido de desculpas e a promessa de que aquilo nunca, jamais iria se repetir.

Eu voltei para os braços dele, como fiz inúmeras vezes depois disso.

📝 NOTA DA AUTORA:

A dependência emocional é um sintoma comum em vítimas de abuso, e assim como acontece com dependentes químicos, seu organismo, na ausência da "droga", sofre a dor da abstinência.

Isso acontece porque, por pior que seja estar num relacionamento abusivo, a fase da lua de mel é caracterizada pelo "bombardeio de amor": nessa etapa, o abusador recompensa a vítima com carinho e atenção excessivos, alimentando suas esperanças e fazendo-a se apaixonar novamente por quem ela acredita ser a pessoa que conheceu lá no início. A química cerebral decorrente desse processo provoca sintomas intensos e avassaladores em todo o corpo, que recebe uma descarga altíssima de dopamina, oxitocina, noradrenalina e feniletilamina – os neurotransmissores do amor, da paixão, do prazer e da felicidade. Segundo o neurocientista Renato Sabbatini, o mecanismo é idêntico ao do vício em cocaína.[*] O problema é o que vem em seguida: acabada a "lua de mel", começa a fase da tensão e da explosão. O organismo, então, entra em privação e abstinência dessas substâncias, passando a buscar desesperadamente aquela sensação conhecida de bem-estar. A repetição desse ciclo apenas reforça a dependência emocional e química, uma vez que o cérebro da

---

[*] Disponível em: <https://bit.ly/3jGlcJ2>.

> vítima diz que aquela pessoa é necessária. Não é à toa que esse tipo de relacionamento também é chamado de tóxico.
>
> O tratamento é essencial para que a vítima não confunda amor com vício. O primeiro passo consiste em restaurar sua autoestima e individualidade, já que a própria dinâmica do abuso leva a vítima a acreditar que o parceiro é sua única fonte de amor possível. Incapaz de viver a própria vida, então, ela deposita todas as expectativas em seu algoz.
>
> O dependente emocional sente medo de encarar o futuro, pois isso significa assumir responsabilidades e tomar decisões que podem levar à punição ou rejeição por parte do abusador. Para justificar esse sofrimento, a vítima se agarra a uma fantasia de amor utópico que em nada corresponde à realidade. Tudo isso não passa de um castelo de fumaça, atrás do qual ela esconde a vergonha e a culpa por se permitir viver um pesadelo.

Quando penso em uma imagem para descrever essa relação, imagino um elástico que, quanto mais esticado, mais rápido, forte e violento é o reencontro das pontas. Eu já nem sabia mais se estava vivendo uma história de amor ou sobrevivendo a uma escolha amorosa. Depois das flores houve outras brigas, vários términos, voltas memoráveis, sexo incrível[1] e muitas promessas de um futuro perfeito. E com essas promessas eu ia construindo um castelo de fumaça, um sonho lindo que justificasse a terrível realidade que eu me recusava a enxergar.

Certa vez, num desses términos dramáticos, desliguei o celular e saí com uma amiga para um bar recém-inaugurado. Queria ares novos, gente nova. E, pelo visto, ele também: quando entrou no recinto, estava decidido a conquistar a bunduda de vestido preto e saltão que, apoiada na mesa de sinuca, encaçapava uma bola de costas para a entrada. Coincidentemente, a bunduda era eu. Acabamos ficando e voltando de novo, certos de que aquela era nossa sina. Novas promessas e o sexo incrível de sempre. Mas era questão de tempo até cairmos mais uma vez no nosso redemoinho de ciúmes, brigando e terminando por causa das minhas "traições" (agora no plural) e da minha "personalidade difícil e indomável".

Numa outra briga, fui sozinha ao cinema para tentar espairecer. Não sei como, mas ele me achou e me laçou na fila. Para variar, acabamos num motel. Era como se eu fosse rastreável, uma espécie de ímã humano. Toda vez que tentava me afastar dele, alguma força invisível nos unia de novo.

Em outra discussão memorável, inventei que estava em Ouro Preto para fazê-lo desistir de ir atrás de mim. Era mentira. Eu estava em casa. Mas ele acreditou e, nervoso, pegou estrada à noite, debaixo de chuva. Numa das curvas fechadas, o carro rodou e bateu. O veículo estragou, mas, felizmente, meu namorado não teve nada. Mesmo assim, aquilo me apavorou. O destino, esse filho da mãe, sempre dava um jeitinho. Acabamos voltando de novo.

Quando estávamos juntos, sempre havia uma confusão. Teve a vez em que ele enfiou um milho cozido no olho de um cara que mexeu comigo, quase cegando o coitado. Ou a vez que precisei colocar um capacete de moto na cabeça durante uma briga que ele arranjou num bar, também motivada por ciúmes. E a cada novo conflito eu tentava escapar e me rebelar, só para em seguida receber mais pedidos de desculpas, mais promessas apaixonadas, mais sexo incrível. Mais romantização do abuso. Mais castelos de fumaça. Mais esperança vã. Chegou num ponto em que eu estava literalmente viciada na adrenalina daquela montanha-russa, me sentindo refém daquele namoro. Eu o amava, mas era como se nunca tivesse chance ou escolha de me livrar daquilo.

Era um caldo atrás do outro – eu engolia água salgada e subia para encher o pulmão com um pouco de ar antes de dar um mergulho desesperado e bater a boca na areia de novo. Até que desisti de lutar contra a maré e me convenci de que nunca conseguiria sair daquele relacionamento. Era melhor aceitar.

Foi aí que eu tive um sonho estranho. Eu me chamava Rachel, e ele, Guillaume. Éramos amantes e vivíamos no interior da França do século XVII, por volta de 1669 ou 1696 – a data tinha muitos seis e noves. Ele havia se casado com uma mulher muito rica e galgado um alto título da nobreza. Eu, por outro lado, era apenas uma camponesa pobre e apaixonada. Nesse enredo onírico, que mais parecia um roteiro de filme, eu disse que iria contar sobre o nosso caso para a esposa dele. Resultado: fui assassinada por ameaçar seu status de fidalgo.

Acordei gritando, em francês, que ia morrer por amor: "*Je mourrai pour amour! Je mourrai pour amour!*". Minha mãe anotou todos os detalhes do sonho, incluindo datas, nomes, local e essa frase, e guardou por muito tempo. Isso foi em 1999, pouco antes de completarmos quatro anos de namoro. Na minha cabeça, eu acabara de me convencer de que tinha um carma a cumprir. ■

📝 NOTA DA AUTORA:

(1) Em muitos relacionamentos abusivos, o único pilar "sólido" é o sexo, já que não existe carinho, companheirismo, respeito, lealdade, parceria, diálogo ou reciprocidade. Segundo a psiquiatra Ana Beatriz Barbosa Silva, um psicopata nunca brocha, e é através do desempenho sexual que faz a vítima acreditar que nunca vai encontrar alguém como ele, capaz de oferecer uma vida sexual tão "maravilhosa". Essa ideia, no entanto, é extremamente questionável.

CAPÍTULO 9

A AGÊNCIA de publicidade acabou não dando certo por vários motivos, e encerramos a sociedade numa boa. Então, em 1999, abri outra empresa sozinha, a Pin Up Comunicação. Enquanto eu batalhava de cá, meu namorado, tendo o irmão e a irmã como sócios, abria uma boate com capacidade para aproximadamente mil e quinhentas pessoas.

Localizado em um bairro boêmio da cidade, o novo empreendimento tinha sido um antigo cinema projetado pelo arquiteto italiano Raffaello Berti e inaugurado em 1944, com fortes características da *art déco*. Estava abandonado há anos, mas tinha um potencial enorme. Era necessário planejamento, investimento e reforma.

Os três investiram pesado no negócio, e o resultado ficou realmente incrível. Dei de presente a identidade visual – criação de logomarca, letreiro, menu, uniforme dos garçons, *flyers* dos shows semanais, panfletos de divulgação da casa, enfim, tudo que estava ao meu alcance.

Noite de inauguração, casa lotada. Uma banda famosa tocava no palco. Então, no meio do show, PUF! A chave caiu e todo mundo ficou no escuro. Era preciso no mínimo dois geradores extras para segurar a onda dos equipamentos de som, ar-condicionado, freezer, iluminação e o diabo a quatro que exigia uma boate acima da lotação máxima, com gente saindo pelo ralo. Investiram milhões em reforma, estrutura e decoração, mas, na hora de locar os geradores auxiliares, fizeram uma economia porca. Foi um sufoco.

Dessa noite em diante, não me lembro mais de ter um namorado presente. Se antes a relação com o trabalho já era complicada, agora tudo girava em torno da bendita boate. Ele só trabalhava: durante o dia, tocava a empresa da família e seus próprios negócios. Ao final do expediente, ia pra casa, tomava um banho e, quando a lua subia no céu, assumia a casa noturna. Isso quando não ia direto. Às vezes saía de lá com o dia clareando, então começava tudo de novo. Quando dormia, nem sei. Se quisesse vê-lo, tinha que ser entre quinta e domingo, quando eu ia à boate assisti-lo trabalhar. Ficava plantada no balcão sozinha, um copo de uísque falsificado na mão, que nem a Heleninha Roitman, aquela personagem alcoólatra da novela *Vale Tudo*, de 1988. Nos outros dias, ele estava sempre ocupado demais.

Foi nessa época, em 2001, que ficamos noivos, após cinco anos de namoro. Mesmo com compromisso firmado e casamento marcado, esse não foi um período calmo. Pelo contrário: foi um pandemônio. Ele e o irmão, deslumbrados com a atenção feminina que recebiam por serem os donos da boate, se aproveitaram da situação. Clientes, *promoters*, funcionárias, todas se insinuavam segundo os próprios interesses, e vice-versa. A coisa acabou virando uma roda de fofoca nojenta, um disse-me-disse com mil fundos de verdade. Mas eu estava finalmente noiva, e sob o argumento de que confiava no meu taco e que ele não estava se casando por pressão, não quis enxergar o óbvio.

O irmão dele, inclusive, que estava casado há apenas cinco anos, traiu a esposa nessa época. Obviamente também me transformei numa "corna em série", mas, por falta de provas, escolhi acreditar nas versões do meu noivo – "É tudo fofoca dessa mulherada", "Elas têm inveja de você", "Estão conspirando para nos separar". Minha concunhada, mais realista, correu atrás das evidências, coisa que nunca fiz. Depois disso, houve uma briga horrorosa. Os dois, meu futuro cunhado e a esposa, discutiram em casa, bêbados. Ele voou para cima dela, e o que era um bate-boca se transformou em espancamento. No fim da briga, ele havia quebrado não sei quantos dentes da mulher que havia prometido cuidar e respeitar por toda a vida. Ele a chutou e socou tanto que até hoje me lembro do rosto inchado, os braços e pernas roxos, cor de azeitona azapa. No dia seguinte, simplesmente alegou amnésia alcoólica. Era mais fácil culpar a bebida e fingir que não se lembrava de nada. Nojento.

Eu e minha concunhada éramos muito amigas nessa época. Unha e carne, confidentes. O episódio me abalou profundamente, pois eu sabia o quanto ela era apaixonada pelo marido. Eram mais de dez anos de relacionamento. O primeiro namorado. O primeiro tudo. E ele era bem mais velho. A história terminou de forma brutal, com um desenlace repleto de violência, traição, estupidez, desrespeito e ignorância. O que havia acontecido com os votos que presenciei na igreja? Com a promessa de amar e respeitar na saúde e na doença? Em que momento aquilo se perdeu?

Não me recordo se ela o denunciou. Quase certeza que não. Felizmente, teve forças para fazer as malas, pedir o divórcio e se mudar. Foi recomeçar a vida bem longe, em outro estado, onde se casou novamente e teve filhos.

Depois disso, ficou difícil mantermos a amizade. Tragédias como essa exigem rompimentos bruscos, principalmente com aquilo que nos vincula ao passado. ◾

CAPÍTULO 10

EU SEMPRE quis muito me casar. Mas muito mesmo. Era uma obsessão. Minha mãe costumava brincar que, antes de balbuciar "mamãe", eu já soletrava "marido".

Aos 7 anos, atormentei a professora do primário para ser a noiva da festa junina e enlouqueci minha avó para costurar um vestido "de verdade", com véu, grinalda e tudo que tinha direito. Do noivo, não tenho a mínima lembrança, mas do buquê e dos detalhes da roupa eu não esqueço.

Aos 15, quando minha irmã se casou, entrei em depressão, chegando a ter hipoglicemia emocional. A vida realmente era muito injusta por não me dar um noivo e um casamento marcado em plena adolescência.

Aos 16, decidida que o casamento era apenas uma questão de tempo, comecei a montar meu enxoval. Me perguntavam o que queria ganhar de Natal, e eu respondia prontamente: "Um jogo de lençóis de casal de duzentos fios", o máximo de qualidade que havia na época. Foi quando passei a frequentar lojas de decoração e feiras de noivas em busca de utensílios domésticos e camisolas de seda. Resumindo, ao longo de poucos anos, enchi gavetas e mais gavetas com coisas maravilhosas que eu não usava, incluindo roupas de cama, roupões, lingeries, taças de cristal e até livros de receita.

Hoje, me pergunto como ninguém me puxou de volta para a realidade. Porque agora eu sei aonde esses delírios me levaram, mas foram necessários anos de terapia para entender como isso começou. Acredito que, em algum momento lá atrás, meu inconsciente decidiu que aquela menininha ferida e abandonada de 9 anos poderia ser libertada através de um casamento futuro – que ela, é claro, faria dar certo a qualquer custo. Quem sabe assim, casando e sendo feliz, poderia salvar também o fracassado matrimônio de seus pais, resgatando a criança que se sentiu trocada após o divórcio. Pois é, Freud explica.

Obstinada que era com essa coisa de núpcias, então, acredito que tenha infernizado todos os meus namorados, cada um à sua medida. Se estiverem lendo este livro, me perdoem. Já estou sob controle.

Mas voltando a 2001, então com 28 anos, finalmente fiquei noiva. Aleluia! O pedido foi inesquecível, com direito a jantar, discurso espirituoso – "Queria pedir sua filha inteira em casamento, porque só a mão não tem graça" –, buquê de rosas vermelhas com votos de boa-sorte dos futuros sogros (realmente, eu ia precisar) e alianças de noivado orgulhosamente ostentadas no anelar direito. Ao final, estávamos todos bêbados e felizes. Principalmente o marido da minha irmã, que desfilou pela casa toda de cueca após a família do meu noivo ter ido embora. Foi uma noite boa.

•

O casamento foi marcado para setembro de 2002, dezoito meses após o noivado. Virei a chata deslumbrada, a noiva que só fala de um assunto e não tem tempo pra mais nada além de sonhar e planejar cada detalhe: igreja, vestido, convites, flores, festa, música, buffet, fotógrafa – uma lista interminável de afazeres. Como boa virginiana, queria que tudo fosse perfeito. Afinal, havia esperado anos por aquilo.

Acertados os preparativos, faltava decidir nosso endereço. Chegamos a olhar alguns apartamentos, mas sempre havíamos morado em casa. Não precisava ser nada grande, mas eu sonhava com grama e céu.

Quando éramos crianças, meu avô presenteou cada neto com um lote, e o meu, situado num bairro que era um fim de mundo na década de 1970, acabou se tornando um dos metros quadrados mais valorizados de Belo Horizonte. Decidimos, então, construir. Na verdade, já tínhamos tudo pronto. Como há anos o casamento era uma promessa, a cada término e volta surgia um novo projeto – primeiro o arquitetônico, depois o estrutural, o luminotécnico, o elétrico – para reafirmar nosso compromisso de vida em comum. Até o projeto dos armários foi feito durante o namoro. Quando finalmente resolvemos construir, faltava apenas o alvará. Uma mera burocracia. O sonho seria realizado: uma casinha pequena, mas nossa. Eu entrava com o terreno, ele com tijolo e cimento.

Por anos havia imaginado aquele momento: passava noites em claro olhando os anteprojetos, percorrendo os dedos pelos traços do papel – "Aqui vai ser o banheiro", "Ali o quarto do bebê", "Será que cabe uma mesa redonda nessa sala de jantar?". Opinei sobre cada centímetro daqueles cento e vinte metros quadrados. Queria uma casa com cara de praia, clara, arejada, compacta, mas bem distribuída, de um andar apenas, com área de lazer com espaço para a sinuca dele e uma fundação reforçada caso decidíssemos pela ampliação. O acabamento também foi escolhido a dedo: cada torneira, cada porta e janela, a cerâmica, o mármore, a cor das paredes e da madeira. Só faltava o engenheiro, então minha mãe indicou o mesmo que havia feito a reforma do maravilhoso casarão da década de 1950 do meu avô. Fechamos contrato, dando um passo real em direção ao tão sonhado "lar, doce lar".

Só quem constrói sabe como é cansativo, muitas vezes traumatizante, lidar com a obra depois de um tempo. A empreitada, prevista para durar menos de um ano, se prolongou por dezoito meses. Durante esse período, praticamente larguei meu escritório para acompanhar a obra, ainda que tivéssemos contratado um profissional para isso. Segundo meu noivo, era "altamente recomendável" – para não dizer obrigatório – que um de nós ficasse de babá para conferir se o dinheiro investido estava sendo bem utilizado. Como era ele quem pagava as contas, a tarefa sobrava para mim na maior parte do tempo. Acabei virando pau pra toda obra, e peguei um bronze ferrado trabalhando debaixo do sol forte com uma dúzia de homens que mal conhecia. Depois de algum tempo na função, eu já era capaz de fazer uma análise granulométrica e mineralógica da brita e já estava ajudando a rejuntar a sauna. Ele, por outro lado, aparecia apenas para dar ordens ou implicar com os mínimos detalhes.

Os dias de pagamento eram sempre uma descida ao inferno. Todas as sextas, eu atravessava a cidade para pegar o dinheiro dos pedreiros com ele. O montante era repassado ao engenheiro, que fazia o acerto e pegava os recibos. Ao informar meu noivo sobre o valor total, porém, os ataques começavam: "Você está gastando demais!", "A culpa desse atraso é sua!", "O engenheiro te passou a perna!", "Sua burra imprestável, não serve nem pra gerenciar uma obra!". E não adiantava reclamar: se o fizesse, ouvia um sonoro "dane-se", já que, segundo meu parceiro, também endividado, eu estava pegando o boi de ter uma casa para chamar de minha. Sem tempo para trabalhar e com minhas dívidas só aumentando, acabei falindo. Ao final de alguns meses, então, fechei o escritório e passei a trabalhar em home office.

A situação era caótica. A obra se prolongava, estávamos atolados em dívidas e faltavam poucos meses para o casamento. Mesmo assim, o que veio em seguida me pegou com as calças na mão: ele decidiu que seria uma boa ideia penhorar o lote e a casa, que nem tinha ficado pronta ainda, para investir em mais uma nova empreitada. A sorte foi que meus pais haviam estipulado cláusulas de inalienabilidade, incomunicabilidade e impenhorabilidade na época em que o terreno foi doado, e quando ele inventou de colocar meu único bem num negócio de risco, minha mãe se recusou a modificar o contrato. Com ódio, ele se voltou contra ela e acusou nós duas de impedi-lo de acessar o dinheiro que tinha investido ali. Como se fosse simples assim.

Faltando poucas semanas para o casamento, o estresse era insuportável. Tudo era motivo de briga. A tradicional lua de mel nem foi cogitada por causa dos gastos com a obra. Mas a casa não era o único ponto de tensão: a festança do casório, que meus pais estavam se sacrificando para pagar sozinhos, também. O caldo entornou quando a mãe dele decidiu que os convites que havíamos repassado para eles distribuírem não eram mais suficientes. De uma hora para a outra, minha distinta sogra havia resolvido convidar toda a população da China.

Estávamos organizando um evento para trezentas pessoas, um número considerável de convidados, tudo acordado previamente. Num belo dia, porém, a mãe dele começou a reclamar que muita gente havia ficado de fora, e ao invés de conversar conosco para propor ajuda financeira, preferiu fazer inferno no ouvido do filho, dizendo que era uma grosseria da minha parte não providenciar mais convites. A coisa ficou feia, e após um tsunami de ira ser repassado para mim às vésperas do casamento, eu e minha mãe marcamos uma reunião para esclarecer que o número de convidados havia sido definido em conjunto, sendo metade para cada família. Providenciar mais convites implicaria em uma série de outros gastos com os quais minha família não poderia arcar. O recado foi dado, mas o bom senso seguiu longe. Muito fácil achar defeito em tudo sem oferecer ajuda ou solução, e muito complicado ter relações estremecidas entre ambas as famílias logo de cara.

Meu noivo não gostou de eu ter me posicionado diante de sua família, ainda que eu o tivesse feito educadamente, e fez questão de deixar isso bem claro: ganhei o primeiro tapa na cara apenas vinte dias antes do casamento, com uma quantidade considerável de convites já distribuída, além de toda a energia e dinheiro investidos na casa e na festa. Arrasada e furiosa, cheguei aos prantos na casa dos meus futuros sogros. Queria que eles soubessem o tipo de homem que haviam criado. Meu sogro tentou me acalmar: "Relacionamentos são assim mesmo", "Vocês estão sob grande pressão devido ao casamento", "Toda mudança exige paciência". Panos quentes. Um discurso superficial para amenizar uma violência que, como descobri depois, era algo que também havia ocorrido no casamento dos dois. Ferida na alma, mas decidida a seguir em frente, entrei na igreja no dia 20 de setembro de 2002, vinte e um dias após meu aniversário de 30 anos.

.

A festa foi um sucesso, apesar de eu praticamente não ter visto meu marido no decorrer da noite. Era ele em um canto e eu em outro. Eu recepcionava e agradecia a presença de todos, enquanto ele parecia estar ali como um mero convidado. Por isso, fui cuidadosa com a bebida. Não queria ser aquele tipo de noiva que sobe na mesa e vomita nos pés das madrinhas. Foi bom ter sido prudente. No final da festa, eu era a única sóbria. Sobrou pra mim dirigir até o hotel, uma vez que até o chofer que havíamos contratado, funcionário do noivo, estava pra lá de Bagdá. Peguei a chave, enfiei o marido desfalecido no banco do passageiro e guiei o carro de véu e grinalda, em meio a muitos acenos e buzinadas. Para completar a cena, que parecia saída de uma comédia romântica duvidosa, os integrantes da banda Titãs estavam no hotel e me viram empurrar o noivo elevador adentro, extasiada e com os olhos brilhando por ter uma aliança no dedo. Como não viajamos, no dia seguinte fomos jogar boliche com os amigos dele. E nem mesmo essa falta de romantismo tirou o sorriso do meu rosto. Afinal, eu era uma senhora casada.

Nos seis primeiros meses de bodas, posso dizer que fui realmente feliz. Nossa casa ainda não estava pronta, e fomos morar – na verdade, meio que acampamos – na casa onde eu cresci, ao lado do casarão que tinha sido do meu avô e onde agora morava minha mãe. Não havia absolutamente nada além de uma cama e uma TV no quarto, um micro-ondas e uma geladeira na cozinha e muito eco nos outros cômodos vazios. Bastava. Acredito que essa tenha sido a única vez em que ele realmente se esforçou para fazer dar certo. Mas a fase da lua de mel passou, e assim que nos mudamos para o novo lar, começaram os problemas.

Com a obra quase no fim, meu marido implicou com o tamanho diminuto do projeto – que para mim estava ótimo – e propôs, num contrato de boca, de comprar o lote vizinho, que era do meu irmão, assim que os gastos diminuíssem. Não iríamos construir nada lá por enquanto – apenas murar, gramar, fazer uma hortinha e ajeitar um espaço maior para estacionar os carros. Mas, no dia em que o caminhão chegou, carregado com quinhentos metros quadrados de grama, o lote ainda não havia sido nivelado para o plantio, o que causou uma briga enorme entre meu marido e o engenheiro. Foi uma gritaria com troca de ofensas mútuas. O engenheiro não gostou da forma como foi tratado e decidiu se vingar: mesmo com todos os pagamentos em dia, o filho da mãe disse que não nos repassaria os recibos dos pedreiros, que estavam em seu poder. E o pior: os orientou a entrar na justiça para receber tudo de novo – salário, décimo terceiro, FGTS e cesta básica. Os peões nem titubearam. Era dinheiro fácil. Depois disso foi só ladeira abaixo, e com a velocidade de um caminhão sem freios. Eu já acordava com uma sinfonia de berros: a culpa era minha e da minha mãe, que havia indicado aquele engenheiro canalha. Todo o carinho inicial foi substituído por uma estupidez e um rancor sem tamanho, e sempre que eu olhava para o meu marido, me deparava com uma cara de cu com câimbra me encarando de volta. Eu acordava e dormia com a personificação do capiroto. Foi assim durante todo esse pesadelo na justiça, e por um bom tempo depois disso também. Mas eu queria, precisava e iria fazer aquele casamento dar certo a qualquer custo. Era só um começo difícil, um período de adaptação à nossa vida nova, não é?

Mesmo nesse início, nós não saíamos juntos, não viajávamos, não curtíamos a vida de recém-casados. Então, quando completamos nossas bodas de papel, comemorando um ano de matrimônio, decidi que era hora de ser mãe. Eu tinha 31 anos e um relógio biológico sussurrando que estava perdendo o bonde. Ele concordou com um insípido "Aham".

Segui meu plano à risca: fui à ginecologista e pedi para arrancar fora o meu DIU. Na saída do consultório, passei em uma drogaria e comprei o equivalente a um salário mínimo em testes de gravidez. Todos os dias, torcia para que as duas linhas cor-de-rosa aparecessem no visor. Não esperava nem a menstruação atrasar: na metade do ciclo já abria uma embalagem, depois outra. Quando o primeiro sangramento desceu, quase morri de decepção. Então veio a segunda menstruação, e surtei achando que era estéril. No terceiro mês, pimba. No dia 26 de dezembro de 2003, fiz o exame de Beta HCG só para confirmar o que as duas linhas rosas, ainda bem clarinhas, já vinham me avisando há alguns dias: eu ia ser mãe. Era o melhor presente de Natal da vida.

.

As trinta e seis semanas que se seguiram à gravidez podem ser resumidas em muito, mas muito enjoo e vômito. A sensação era a de que eu não estava grávida de uma criança, mas de um dragão cuspidor de fogo, tamanha a azia. Enquanto a maioria das mulheres sente náuseas com certas comidas, eu enjoava a cada novo trabalho encomendado, além do cheiro de um sabonete específico. Alimentos cítricos como picles, limão, maracujá e abacaxi aliviavam um pouco. Então, meu único desejo de grávida foi um sorvete de limão, que nunca veio. Dali em diante, para não me frustrar, não me permiti ser uma gestante como todas as outras, cheias de vontades e paparicadas pelos parceiros.

Um dia, preocupada com meu ganha-pão, já que a cada novo trabalho eu corria para vomitar a alma na privada, recebi um telefonema diferente. Ao invés de peças publicitárias, a cliente queria que eu criasse o convite da festa de 15 anos de sua filha. Topei na hora, e, animada, arrisquei um projeto diferente de tudo que se usava até então. Deu certo: caí no gosto das adolescentes. Quando percebi, tinha muito mais demanda para a criação de convites do que de peças publicitárias. Foi assim, junto com a minha filha, que nasceu a Pin Up Convites, que por anos foi referência na área. O resto é lenda.

Com onze semanas, um exame revelou que minha placenta estava muito baixa. Precisava de repouso absoluto. Largada em casa, implorava por uma atenção que nunca recebia, fazia dois caminhões-pipa de xixi por dia, chorava baldes até com propaganda de pneu e queria devorar o dobro da capacidade do meu estômago – o que quase aconteceu no dia em que comi cinco cachorros-quentes de uma vezada só, passando tanto mal que quase pari um planeta. Engordei dezessete quilos nesse meio tempo, e minha autoestima despencou quando percebi que meu marido tinha perdido o tesão em mim: apesar de ter sido uma grávida linda, fui toscamente apelidada de "Dani Tonelada" por causa das minhas novas formas arredondadas.

Enquanto meus hormônios pareciam dançar hula-hula, eu era solenemente ignorada em todas as minhas tentativas de sedução. O que já era comum acabou virando rotina: ele saía cedo e voltava muito, mas muito tarde. Não foi um período tranquilo: além das náuseas frequentes, que grudaram em mim como dois vira-latas no cio, o aumento do estrogênio e da progesterona me faziam implorar por sexo. Minha libido, que já era alta, triplicou na gravidez. Descobri que isso é bem comum – mas, no meu caso, nada agradável. Afinal, estava curtindo a gravidez sozinha enquanto meu parceiro desejava as mulheres enxutas da rua.

Para completar, por um triz não fiquei cega. Certa manhã, com seis para sete meses, acordei com muita dor no olho direito, como se estivesse cheio de areia. No decorrer do dia, a sensação foi piorando e evoluiu para pontadas terríveis e uma repentina hipersensibilidade à luz. Eu lacrimejava tanto que fiquei parecendo um daqueles peixinhos japoneses, os olhos esbugalhados e as pálpebras inchadas. Como já estava com um barrigão considerável, esperei meu marido chegar em casa e pedi que me levasse ao Hospital de Olhos. O diagnóstico foi simples: reação alérgica às lentes de contato. Me receitaram um colírio e voltei para casa certa de que ficaria boa logo.

Após os três dias de medicação, nenhuma melhora. Voltei ao hospital e recebi o mesmo diagnóstico. Mudamos o colírio, mas quatro dias depois ainda não havia nem sinal de melhora. Meu rosto estava começando a ficar dormente, e os movimentos, paralisados. Era como se eu tivesse aplicado botox falsificado em cada milímetro do lado direito do rosto.

Quase um mês se passou, e a dor só piorava. À essa altura, já tinha me consultado com vários médicos, mas nada de acharem uma solução. Até que um dia o marido da minha irmã conseguiu uma consulta urgente com um especialista em córnea, que finalmente desvendou o mistério: eu tinha herpes ocular, também conhecido como herpes zóster, em estágio avançadíssimo. E, devido à demora no diagnóstico, estava correndo sério risco de perder a visão.

Entrei em pânico, mas não pela notícia em si. Meu maior medo era não conseguir ver o rostinho da minha filha ao nascer. Agilizamos a cirurgia para raspagem da córnea, mas havia um "pequeno" detalhe: por causa da gravidez, o procedimento teria que ser feito sem anestesia. Fui na base do coliriozinho mesmo.

Aquilo doeu, e muito. O suplício da cicatrização nos dias seguintes foi tão surreal que a dor induziu um trabalho de parto prematuro. Estava, então, na trigésima quarta semana de gestação, e se minha menininha nascesse naquele momento, correria mais riscos de vir a ter problemas de saúde. Adiar o nascimento era necessário porque me daria tempo de receber uma injeção de corticoide, que ajudaria os pulmões do bebê a amadurecerem. No final, deu tudo certo: me recuperei bem da cirurgia, conseguimos segurar o barrigão por mais uns dias e eu estava radiante porque conseguiria ver o rostinho da minha filha.

Pouco menos de um mês depois, quando as contrações começaram a vir de vinte em vinte minutos, liguei para o meu marido e avisei que havia chegado a hora. "Aposto que é frescura sua", foi a resposta que recebi, mesmo estando na trigésima oitava semana de gestação. Achou que fosse alarme falso por conta das contrações que eu havia sentido após a cirurgia. Homens também tinham que parir. Sério.

Os espasmos se tornaram regulares. Parecia uma cólica muito forte, latejando na base da coluna e indo, em ondas, em direção ao útero. De quinze em quinze minutos, com trinta segundos de duração cada. A tarde já ia virando noite, e comecei a rezar para que ele não atrasasse – não naquele dia. Mas as horas custaram a passar. O *Jornal Nacional* havia terminado, e nada de ele chegar em casa. Senti a mágoa e o ódio inundarem meu corpo. Para não transmitir aqueles sentimentos à minha filha, respirava fundo a cada pontada, mas a decepção era geral. Eu estava com medo do desconhecido e sentindo dores cada vez mais intensas a cada endurecida da barriga. E se ele não chegasse a tempo? A gravidez já havia sido tão difícil, e nem no dia do nascimento ele era capaz de ser pontual, leal, carinhoso e companheiro.

Minha mãe me ligava sem parar, e eu, numa determinação que beirava a insanidade, me pus a tranquilizá-la, garantindo que ligaria de volta se precisasse. Queria o pai ali, vivendo comigo o parto da primeira filha. Não era possível que até aquilo eu faria sozinha. E quanto mais eu fincava o pé insistindo na presença dele, mais fincadas meu útero anunciava.

Se isso acontecesse hoje, eu teria mandado meu marido para a puta que pariu e não apenas ido sozinha ao hospital, mas convocado até o exército para impedir a entrada dele na sala de cirurgia. Naquela época, porém, eu realmente queria que as coisas fossem como acreditava que tinham de ser.

Ao final do Globo Repórter, oito horas após a primeira ligação, ouvi o portão abrir. Exalando um cheiro forte de cerveja, ele anunciou que iria "descansar um pouquinho" antes de irmos para o hospital. As contrações, que agora vinham de cinco em cinco minutos, estavam fortes a ponto de me fazerem perder o ar.

Eu, que tanto idealizara aquele momento como um acontecimento mágico na vida de uma mulher, já não desejava nem que meu marido segurasse minha mão. Só queria ser uma pessoa normal, num casamento tranquilo e com um companheiro amoroso. Mas a raiva e a decepção não permitiram que eu saboreasse minhas últimas horas antes de trazer minha filha ao mundo. Eu não merecia aquilo, e minha filha também não. Me sentindo mais abandonada do que nunca, me vi cronometrando o desespero. Contrações de três em três minutos. Já eram duas da madrugada e eu não conseguia acordar aquele inútil, que a cada sacudida repetia "Vou só dormir mais um minutinho". Socorro. Ia ter aquele bebê ali. Nem raciocinar eu conseguia mais. Estava invadida pela vergonha – vergonha por não ter tomado nenhuma iniciativa, por não ter chamado um táxi mais cedo, por não ter pedido ajuda à minha mãe, por ter acreditado nele e deixado as coisas chegarem àquele ponto, por não ter um tostão na bolsa para emergências como aquela. Vergonha, medo, raiva, tristeza, dor, ansiedade: ao mesmo tempo que sentia tudo isso, estava paralisada pelo absurdo que minha vida tinha se tornado.

Às cinco e meia da manhã, com contrações quase intermitentes de um minuto de duração cada, após uma noite em claro, aos prantos, mal conseguindo respirar, finalmente juntei forças e reagi. "Levanta dessa cama e me leva pra merda do hospital AGORA!" De ressaca, mas já recuperado depois das seis horas de sono, ele finalmente se levantou – mas não para me levar. Ainda foi tomar um "delicioso e reconfortante banho". As lágrimas de dor e revolta corriam pelo meu rosto mais rápido do que a água da ducha no banheiro.

Lembro de cada solavanco do carro, da agonia alucinante após quase dezesseis horas em trabalho de parto – enfrentadas sem anestesia ou analgésico –, da expectativa de ver minha filha e, principalmente, da raiva que senti dele. Chegando ao hospital, minha médica já estava de prontidão na portaria. Pelo menos alguma coisa havia dado certo. Foi a conta da peridural fazer efeito para abrirem minha barriga. O bebê não tinha virado, e nem ia. Precisava ser tudo muito rápido.

Minha primeira filha Cloé nasceu linda, maravilhosa e perfeita por volta das seis da manhã do dia 21 de agosto de 2004. Quando contemplei aquele rostinho pela primeira vez, fui invadida por um amor infinito, e profetizei: "Você ainda vai fazer coisas grandiosas, minha filha". ■

> Eu não sabia mais se estava *vivendo* uma história de amor ou *sobrevivendo* a uma escolha amorosa.

CAPÍTULO 11

A MATERNIDADE é realmente uma aventura muito louca. Depois que o bebê nasce, é como se você ficasse vazia, sentindo seu coração bater fora do peito. O puerpério, como também é chamado o período de resguardo, é uma descarga de hormônios e sangramentos que parece não ter fim. Os mais românticos provavelmente imaginam a mãe linda, magra, penteada e corada amamentado a cria sem dor, mas a verdade é que a gente chora, ri e, principalmente, nunca dorme. Nos primeiros dias, me lembro de chegar às oito da noite sem ter conseguido sequer pentear os cabelos ou escovar os dentes. A barriga continua lá, grande e meio murcha, mas sem gente. Todo mundo sabe que o bebê precisa de cuidados, mas ninguém se lembra de zelar pela mãe, que também acaba de nascer para uma vida nova.

Amamentar foi um drama. Mesmo com toda a preparação, meu peito rachou e sangrava a cada mamada. No manual de instruções da Cloé não veio escrito que bebês dormem, então ela não entendeu essa regra. Minha filha só chorava, e só queria ficar no colo. Com dois meses de nascida, a questão do choro era tão crítica que minha mãe e minha sogra precisavam se revezar para que eu conseguisse tomar banho e fazer o número dois.

No dia 11 de outubro de 2004, pouco antes de ela completar três meses, a balança da pediatra parou de acusar o tão esperado ganho de peso. A médica foi direta: "Sei que você queria muito amamentar, mas o bebê não está evoluindo como deveria. Precisamos entrar com a mamadeira". Fui para casa me sentindo uma fracassada, com o famoso peso da culpa materna a tiracolo. Mas, quando minha filha dormiu pela primeira vez por mais de duas horas seguidas, a barriguinha cheia, a tristeza passou, e me esqueci da culpa por alguns instantes. Dali em diante, no que diz respeito à minha pequena, foi só alegria, mesmo sem a participação do pai, que nunca trocava as fraldas, não acordava à noite nem aparecia a tempo para trazer mais leite. Mesmo casada, fui aprendendo a ser mãe solo.

Minha primeira surra veio pouco antes da Cloé completar 2 anos. Nessa época, meu marido tinha comprado outra moto, dessa vez para fazer trilha – "Uma forma de desestressar", segundo ele. Com isso, nem aos domingos nos víamos mais. De segunda a sexta, ele saía às sete da manhã, voltava de madrugada, trabalhava aos sábados e, no único dia livre, só queria saber de dormir ou ir para o meio do mato. Nós não passeávamos, não viajávamos, não fazíamos programas em família. O auge do meu mês era almoçar na casa da sogra nos poucos domingos que nos restavam. Para piorar, havia descoberto que ele estava cadastrado num site de relacionamentos.

Na noite da briga, ele chegou tarde e me acordou para esquentar o jantar. Aparentemente, era incapaz de apertar o botão do micro-ondas. Me sentia um brinquedo gasto e deixado de lado, presa em um casamento sem marido. Vivia me queixando dessa ausência, mas nesse dia, para cutucar, disse a ele que entendia as mulheres que arrumavam amantes. Eu e minha boca grande. Num segundo, ele me jogou no chão, me chutou e torceu meu pulso, aos berros: "Repete isso se tiver coragem, sua vadia!". Não repeti. Esperei ele dormir, me tranquei no banheiro e, com o punho dolorido e inchado devido à luxação, liguei aos prantos para a minha mãe, pedindo baixinho para ela me buscar. Peguei minha filha, abasteci a malinha com o mínimo necessário – mamadeira, fralda, leite em pó, bico, uma mudinha de roupas – e corri para esperar na porta.

Quando ouvi meu padrasto estacionar o carro, saí de casa pé ante pé. Mas o portão fez barulho ao fechar, e ele se deu conta de que eu estava fugindo. Saímos com um ou dois minutos de vantagem, mas ele tinha uma Mercedes e dirigia com mais destreza do que o homem de idade ao volante. Quase chegando na casa da minha mãe, ele fechou nosso carro, por pouco não provocando um acidente. Abriu a porta traseira e tentou me arrancar de lá aos berros, puxando minha filha pelas perninhas. Assustada, ela começou a chorar alto. Acho que isso freou a fúria irracional dele, pois, sob ofensas e ameaças, consegui entrar na casa da minha mãe, onde fiquei cerca de dez dias. Cheguei a buscar minhas coisas e as da minha filha, que fiz caber em três malas. Não o denunciei, mas consultei um advogado e entrei com o pedido de separação na justiça. Então, uma avalanche de pedidos de desculpas e juras de amor começaram a balançar minhas certezas.

Voltei para casa dias depois, precisando desesperadamente acreditar que daquela vez era pra valer. Não queria destruir minha família, e, segundo ele, era isso que eu estava fazendo. Os votos do casamento tinham um peso enorme, e eu havia construído sonhos de uma vida inteira ao lado daquele homem. Eu ainda o amava. De uma forma igualmente doentia, mas amava. E, no final das contas, aquele amor todo era só isso: sonhos. ■

CAPÍTULO 12

● AGOSTO DE 2006

Cloé foi para a escolinha pela primeira vez. Ela estava crescendo depressa, e eu, grávida de novo. Por isso, naquela manhã, senti um misto de alegria e tristeza: enquanto uma filha ganhava o mundo, um sangramento repentino me fez perder o bebê. ■

CAPÍTULO 13

A ESCOLA da Cloé era maravilhosa e lúdica. Além de um espaço imenso, rodeado de muita natureza e com uma vista impressionante da Serra do Curral, ensinava algo que para mim é fundamental: questionar. Seguia a linha construtivista e fugia do padrão de ensino tradicional, que eu achava ultrapassado. Nós duas adorávamos. Cloé tinha se adaptado muito bem e estava quase completando um ano de "vida acadêmica".

Aos 3 aninhos de idade, ela parecia uma boneca na sua primeira festa junina. O vestidinho xadrez cor-de-rosa e branco com fitas douradas, as maria-chiquinhas, as pintinhas feitas com lápis de olho sobre as bochechas ainda mais rosadas de *blush*. Chamei a família toda para compartilhar aquele momento. Minha irmã, minha mãe, meus sogros, as três irmãs do meu marido – estava quase todo mundo lá.

Naquele ano, em 2007, meu irmão, que morava no Canadá, ia se casar e mudar para Singapura. Queria comprar um apartamento para iniciar aquela nova etapa ao lado da esposa, e para isso, precisava do dinheiro da venda do lote, do qual usufruíamos desde 2002. Passados quase cinco anos de casados, a proposta de compra que meu marido havia feito ainda não havia se concretizado na prática. Já tínhamos discutido mais de uma vez por causa disso. Ele alegava que era um absurdo ter investido tanto colocando grama e murando o lote para agora, "de uma hora para a outra", meu irmão cismar de querer o dinheiro. Acusou minha mãe de desonesta, meu irmão de oportunista e eu, é claro, de vagabunda. Ninguém da minha família prestava – todo mundo queria roubar e se aproveitar do seu precioso dinheiro. No dia da festinha na escola, então, as coisas estavam bem tensas.

Não sei dizer em que momento a corda arrebentou. Quando me dei conta, meu marido estava gritando e colocando o dedo ameaçador no nariz da minha mãe. De longe, vi que Cloé havia começado a chorar, e meus sogros, pateticamente permissivos, deixavam que a falta de limite e o desrespeito continuassem. Todos encaravam nossa família disfuncional. Só me restou largar os saquinhos de pipoca no chão e correr para me enfiar entre os dois, exigindo que ele parasse.

Naquele sábado, senti um ódio profundo do meu marido, que depois evoluiu para uma mágoa enorme e imperdoável. Podem me atacar, me ofender, mas não ameacem minha família, sobretudo a minha mãe. Morro de vergonha de ter continuado com ele mesmo depois disso. Então, se você que me lê agora está vivendo uma situação semelhante, tire um momento para repensar suas escolhas enquanto é tempo. Sei que nos vendem a ideia de que casamento é para sempre, mas ninguém precisa passar a vida presa a um abusador violento que agride você e desrespeita a sua família. Até hoje, quando vejo as fotos da primeira festa junina da minha filha, sinto um aperto no peito. Em algumas, ela aparece no colo dele com o rostinho vermelho de tanto chorar.

A solidão já era avassaladora nessa época. Quando não estava sempre me metendo em encrenca por causa dele, estava ultrapassando meus limites morais e éticos para tentar evitar algum conflito,[1] ou pisando em ovos para não provocar uma explosão súbita, ou chorando e pedindo desculpas pelo que não fiz, ou me sentindo insegura por achar que estava sendo traída. Datas especiais e importantes como Natal, Réveillon, Dia dos Namorados, aniversário de casamento, festa da filha, meu aniversário – sempre havia alguma briga para estragar tudo, sobretudo se a situação não era sobre ele, o único digno de holofotes.

Na minha cabeça, as coisas eram milimetricamente planejadas para dar certo, mas, por algum motivo que nunca conseguia explicar, tudo se transformava num completo desastre, com direito a expectativas frustradas e muitas lágrimas no final. Nas cerimônias da escola ou aniversários infantis, que tinham hora marcada para começar e terminar, sempre achava que teria um ataque cardíaco de tanta ansiedade.

Meu aniversário de 35 anos, que aconteceu dois meses após a festa junina, foi uma dessas datas "inesquecíveis". Naquela época, já estava afastada das minhas amigas, convivendo exclusivamente com pessoas do meio dele.[2] Nunca fui muito de celebrar, então, quando decidi que queria ir a uma boate à noite, foi uma escolha arriscada.

Naquela manhã, ele saiu cedo e comprou um presentão para si mesmo: uma moto nova, duas vezes o valor do meu carro, na época. Antes de continuar, preciso abrir um parêntese para dizer que ele não costumava me dar presentes, mas quando dava, eram muito bons. No entanto, também valiam como moeda de troca. Bastava esperar que, no momento certo, os "mimos" seriam jogados na minha cara e exigidos de volta em forma de dinheiro. Já ganhei um iPad que ele se deu ao direito de espatifar na parede durante uma briga. Já tive ajuda para trocar de carro, mas, quando fui vender, tomei um prejuízo enorme, pois ele repassou o meu antigo para a irmã, entregando o dela, muito menos valorizado, na troca que banquei sozinha. Já ganhei uma cirurgia que o fez acreditar que era dono do meu corpo. Já ganhei uma joia que, tenho quase certeza, a amante ganhou igual, ou até melhor. Ele fazia questão de deixar claro que o dinheiro era dele, e não nosso. É óbvio que ele trabalhava muito e merecia ter a carteira sempre recheada para comprar o que quisesse, mas aquele ato, naquele dia, serviu para me dar um recado muito claro: "Você, Daniela, não tem vez nem no dia do seu aniversário. Você não é digna. O dinheiro é meu, eu mereço tudo. Você não merece nada". Então, como se não bastasse, foi para um boteco exibir a nova aquisição e chamou os amigos, os mesmos que eu havia convidado para o meu aniversário. Passaram o dia inteirinho bebendo.

Ele chegou em casa, bêbado, após as dez da noite. Como era de praxe, ao invés de se apressar e tomar um banho para sairmos, foi tirar seu precioso cochilo. Depois da experiência traumatizante do parto, eu não aceitava mais esperar. Não ficaria em casa feito um dois de paus* esperando a boa vontade dele. Então, fui sozinha para a boate. Os "amigos", de ressaca, também não apareceram. Duas ou três pessoas foram, e, dentro do possível, dancei e me diverti. Isso até a hora em que ele resolveu aparecer com a cereja do bolo. Eram três da madrugada e eu já estava pagando a conta. Ele, puto porque eu tinha ido sozinha, puto porque não esperei por ele, puto porque um cara puxou papo comigo

---

* A expressão "esperando igual um dois de paus" teve origem em jogos de cartas em que o dois de paus é a carta de menor valor – por ser raramente utilizada, acaba parada na mão dos jogadores.

na fila, puto porque eu era uma "sem-vergonha casada que dava bola pra qualquer um". É claro que ele brigou com o cara, discutiu comigo e, pra variar, estragou tudo. Esse era o padrão. Não me dava valor, só pensava no próprio umbigo. Me afastava dos meus amigos de verdade, acabava com a minha alegria em momentos importantes e ainda me culpava por coisas que eu não tinha absolutamente nenhuma responsabilidade.

Depois desse episódio, foram dias aguentando a cara de bunda e o silêncio punitivo. Enquanto isso, eu seguia amando por dois, dialogando por dois e perdoando por dois. Carregando, sozinha, a culpa pelos sumiços e sendo sempre a razão das suas patadas, seu descontrole emocional, suas agressões físicas e verbais, suas traições. Vivia me questionando o que havia feito de errado, uma pergunta equivocada e sem resposta, já que, na verdade, ele sentia um enorme prazer em me decepcionar. Era como se isso lhe desse poder sobre mim, como se o sofrimento causado permitisse que ele determinasse quando eu podia ou não ser feliz. Cortar minhas asas era uma forma de se manter no comando.

Entender isso foi um processo horrível e doloroso, mas necessário para me libertar de uma culpa que assumi e arrastei por anos. ■

NOTAS DA AUTORA:

(1) Narcisistas perversos sabem que existem leis, mas sentem prazer em infringi-las. Da mesma forma, fazem o impossível para que suas vítimas também desprezem tudo o que lhes é sagrado, tudo o que faz sentido moral, como "prova de amor". O prazer do perverso não está apenas na transgressão da lei, mas também em corromper o outro. Segundo a Dra. Silvia Malamud,

> [...] narcisistas perversos avançam por todos os limites que o outro pode suportar, apenas para poderem ter o gozo da quebra da lei. São viciados e reféns deste tipo de comportamento. A personalidade perversa vive em dois mundos, um dentro da lei e outro fora. São totalmente dissociados de si mesmos. Suas vítimas são apenas objetos úteis para sua viciosa perversão. Também são reféns de si mesmos, mas sequer sabem disso.

> Enfim, acabam funcionando como vampiros predadores, assassinos silenciosos (2016, p. 262).

2 Existem diversos indícios que identificam um relacionamento abusivo, e obter controle sobre a vítima isolando-a do mundo é um deles. Um narcisista pode isolar você da sua roda de amigos e familiares; monitorar o uso de mídias sociais e telefone; controlar a liberdade de ir e vir; afastar você dos seus hobbies; convencer você a deixar o trabalho, dando a ele total controle financeiro sobre a sua vida. Com o tempo, tudo se torna tão difícil, e são tantos os motivos para as brigas, que você acaba deixando pra lá todas as coisas que antes lhe conferiam um senso de identidade, tornando-se uma versão diminuída de si mesma a ponto de nem se reconhecer. É como se fôssemos transformadas em bonecos de argila, moldados para nos adequar ao estilo de vida e necessidades de outra pessoa.

Os votos do casamento tinham um peso enorme, e eu havia construído sonhos de uma vida inteira ao lado daquele homem. No final das contas, aquele amor todo era só isso: *sonhos*.

CAPÍTULO 14

NEY MATOGROSSO é do signo de leão com ascendente em leão. Minha filha Cloé também. Eu tinha uma explosão de vida em casa, e, para uma criança assim, atenção e dedicação exclusiva 24 horas por dia ainda é pouco. Cloé precisava de pelo menos mais uns dez irmãos para aprender a dividir, mas, a meu ver, um ou uma já estava de bom tamanho. Queria ter mais filhos, só não queria que fossem de pais diferentes. Então, podem me chamar de doida, mas no finalzinho de 2007 eu engravidei de novo. Outra menina. E estava radiante por isso.

Hoje, acho essa preocupação com a paternidade dos filhos algo retrógrado e não vejo nenhum problema em novos arranjos familiares. Na época, porém, eu ainda carregava minhas feridas da infância. Meu pai se casou de novo, e aos 23 anos ganhei uma nova irmã. Mesmo a amando muito e sendo uma jovem adulta na ocasião, foi difícil perder o posto de caçulinha, o que só reforçou meu ressentimento infantil de ter sido deixada de lado. Uma bobagem que contribuiu para que eu continuasse cativa por mais alguns anos num relacionamento que já estava fazendo hora extra.

Ainda que minhas escolhas tenham me trazido muitos arrependimentos, minhas filhas estão longe de ser um deles. Em meio ao caos, elas me trouxeram amor, alegria e força para seguir em frente. Me mostraram que eu existia além do papel de esposa, e que a maternidade é maior do que qualquer casamento.

Se a primeira gravidez já não tinha sido fácil, essa foi surreal, mas de um jeito diferente. Na gestação da Cloé, eu só queria me entupir de coisas ácidas e cítricas, e engordei dezessete quilos. Na da Ava, tomava café da manhã, almoçava e jantava bolo de chocolate com brigadeiro. Engordei só oito quilos, mas tive diabetes gestacional.

No casamento, as brigas continuavam, e o desprezo por uma mulher grávida, também. Dessa vez, achei que estivesse emocionalmente preparada, mas uma notícia me pegou de surpresa bem no meio da gestação: quando entrei no quinto mês, meu marido, que nunca viajava comigo, decidiu ir com o irmão para uma feira de jogos que aconteceria na China.

Já não me lembro desse dia com tantos detalhes, mas imagino que eu tenha babado de tanto reclamar para conseguir convencê-lo de nos encontrarmos em Paris quando ele estivesse voltando. Estava desesperada por uma lua de mel tardia, tanto que topei encarar uma viagem dessas sozinha, barriguda e carregando uma mala maior do que eu. E daí que o clima não estava dos melhores no casamento? Eu ia para a França! U-la-lá! Lá a gente daria um jeito. Afinal, era a cidade mais romântica do mundo!

Poucos dias antes dele embarcar, tivemos outra das nossas discussões, mas essa fugiu do controle: ele me jogou contra o armário, com a Cloé presenciando tudo, e disse, cravando os dedos no meu pescoço com força: "Se dependesse de mim, você não teria esse bebê".

No dia seguinte, emocionalmente arrasada, comecei a ter contrações e entrei em trabalho de parto. Obviamente, *au revoir* viagem a Paris. Enquanto ele embarcava para passar trinta dias na China, eu, com quase vinte semanas de gravidez, dava entrada no hospital para não perder o bebê. A obstetra me receitou remédios diários para inibir as contrações e voltei para casa com ordens de repouso absoluto.

Ele viajou sem me deixar nem um centavo e sem se preocupar em como eu iria gerenciar a casa e a rotina de uma criança pequena tendo de me manter quieta como uma samambaia. Não tínhamos conta conjunta, nem dividíamos o cartão de crédito. Até isso era separado. Como se não bastasse, ainda tive de ouvir que eu o havia feito perder o dinheiro da passagem para Paris, que só dava prejuízo e que sempre estragava tudo.

Enquanto para ele tudo girava ao redor de coisas materiais, eu estava destruída e em pânico porque corria o risco de perder minha filha. Além disso, como iria trabalhar para pagar as contas sozinha? Como levaria minha garotinha para a escola, aula de natação, pediatra e o que mais ela precisasse no período de um mês? E como ficavam as compras de supermercado, açougue, sacolão e padaria, se eu estava impossibilitada de dirigir e carregar peso? Eu não podia nem queria despejar meus problemas em cima de outras pessoas – elas também tinham suas rotinas e dificuldades. Foi um dilema: eu não tinha como ficar de repouso, mas não podia arriscar perder o bebê. Lamentar minha falta de sorte também não resolveria o problema. Então, peguei um táxi, busquei meu computador no escritório e o trouxe para casa. Assim, poderia continuar trabalhando sem precisar dirigir todos os dias. As compras, passei a fazer pela internet (bendita tecnologia). O resto ficou nas mãos de Deus, que enviou verdadeiros anjos para me ajudar sem que eu precisasse pedir. Minha irmã levava e buscava Cloé na natação três vezes por semana, assim como nos outros compromissos que iam surgindo. A mãe de um coleguinha da escola dela também soube da minha situação e, mesmo sem termos nenhum contato próximo à época, teve a generosidade de se encarregar da ida e da volta do colégio durante meses, já que nem depois de retornar da China o pai se encarregou disso.

Em meio a esse turbilhão, me orgulho de ter conseguido antecipar a festa de aniversário de 4 aninhos da Cloé para que ela não se sentisse deixada de lado. O alívio de proporcionar os parabéns com os coleguinhas a tempo foi tão grande que, ao final da festinha, naquele mesmo dia, entrei novamente em trabalho de parto. Os remédios não conseguiam mais segurar o bebê na barriga. Eu estava com 32 semanas de gravidez e fui internada no hospital naquela noite, onde fiquei por mais quinze dias.

Ava nasceu prematura, com 34 semanas. Pequenininha no tamanho, gigante no amor. O bebê mais precioso do mundo. Com três dias de nascida, tivemos alta e fomos para casa. Dessa vez, eu havia contratado uma pessoa qualificada para me ajudar. Havia dado conta da Cloé sozinha, mas, com a Ava, tão frágil, me senti insegura. Mesmo com todo o preparo, no entanto, no dia que saí do hospital, uma sequência de equívocos quase custou a vida da minha segunda filha.

Após a mamada e o banho, a enfermeira pingou um soro para limpar o narizinho. Procedimento de rotina. Mas o remédio vendido na farmácia não era o pediátrico, e a concentração de sódio era maior. Sem o pulmãozinho totalmente formado, esse detalhe foi quase fatal. Poucas horas depois, Ava não acordou para mamar e começou a apresentar uma respiração diferente, meio soluçada. Suas bochechas tão rosinhas começaram a arroxear, e ela foi ficando mole. Ninguém percebeu que o problema era o soro para o nariz. Isso só viria a acontecer mais de um mês depois, quando Ava já estava em casa.

Minha mãe, mais experiente do que eu, ligou e explicou a situação para a pediatra, que concordou em me atender no consultório mesmo sendo sábado à tarde. De lá, a própria médica me enfiou no carro e me levou ao pronto-socorro, onde Ava foi novamente internada. Nesse dia, fui apresentada ao verdadeiro medo. Nunca havia sentido um pavor tão profundo, tão imenso, tão absoluto. Meu marido chegou no hospital soltando um monte de impropérios e me responsabilizando por tudo, mas eu nem ouvi. Acredito que ele também estivesse apavorado, pois tudo que eu conseguia sentir era terror, em seu estado bruto.

•

Haviam levado minha filha, me deixando com um vazio no peito e um par de pernas bambas. Uma eternidade depois, fui autorizada a entrar na UTI. Quando vi aquele corpinho tão frágil, meu bebezinho, entubado e com fios saindo por todos os lados, não consegui aguentar mais. Eu desabei.

Ava ficou na UTI por vinte dias, tratada com um diagnóstico de infecção generalizada. Eu chegava antes do horário de entrada das mães e saía quase meia-noite, praticamente expulsa. Eram mais de quinze horas por dia num hospital, tentando ser forte, recém-saída de uma cesariana, com sete camadas de barriga costurada e o seio explodindo de mastite por não poder amamentar. Minha filha mais velha ficou com os avós, já que meu marido saía cedo para trabalhar e voltava sempre tarde, às vezes passando no hospital para me buscar.

O que ficou dessa época, além da dor, foram *flashes* de memória. Minha irmã me levando a outro hospital para fazer a ordenha do leite, que havia empedrado, deixando meu peito cheio de pus. A impotência que sentia por chegar em casa todos os dias sem meu bebê, chorando sangue e alma no chuveiro. Mais uma briga horrível com meu marido porque num domingo, enquanto eu estava no hospital com nossa filha, ele preferiu sair com os amigos para "aliviar o estresse". A sensação sufocante de solidão. Meu pai chegando da Bahia. Minha mãe me mandando comer. A visão das agulhas saindo daquela cabecinha tão pequena, porque não tinham conseguido acesso nas veias dos bracinhos magros e minúsculos. O cabelinho raspado na têmpora esquerda, contrastando com a cabeça lotada de fios. A culpa por não poder estar com minha outra filha, para não falar na saudade do seu sorriso iluminado, cheio de dentinhos de leite. Coisas desconexas e tão sem sentido como os dias na UTI.

Nada no mundo prepara uma mulher para isso. É sobre-humano. Estar na UTI é como cair num abismo que parece não ter fim. Você vê mães chorando o luto, sente a dor delas e projeta esse horror para si mesma enquanto se vê agradecendo a Deus, num egoísmo profundo, por não ter sido seu filho. Você lida com médicos que são verdadeiros heróis, enquanto outros, para se proteger das tragédias diárias, vestem uma capa de insensibilidade. Você engole o choro, que quase transborda, para não fragilizar ainda mais as outras mães. Às vezes, você questiona Deus. Outras, implora por ele.

Dentro de uma UTI, quando se está lutando com seu filho para sobreviver, gestos pequenos podem se transformar em um sopro de humanidade. Não me lembro do nome da enfermeira, mas sou imensamente grata a essa moça de voz suave e olhos doces que me pôs sentada numa cadeira, após horas em pé, e trouxe minha filha, pesando menos de dois quilos, para que eu a segurasse pela primeira vez em quinze dias. Nem sei descrever a sensação, mas as lágrimas escorriam sem parar pelo meu rosto, como se eu fosse esvaziar.

É inimaginável a dor de uma mãe que perde um filho. Deveria ser proibido por lei. Felizmente, pudemos voltar para casa antes de Ava completar um mês. Deus existia, afinal. Pelo menos para mim.

Tenho muita dificuldade de escrever sobre essa época. Até hoje, quando tento recordar os detalhes, as lembranças me soterram, me tiram o ar. Só me vem essa dor imensa, quase palpável, e um peso me esmagando o peito.

Percebi o tamanho da ferida ao me ver adiando o retorno a este livro, que estava adorando escrever. Até então, trabalhava nele todos os dias, às vezes por mais de dez horas. Quando cheguei a este capítulo, passei a evitar o computador. Meus dias foram discretamente ocupados por outras atividades, e, de repente, nunca me sobrava tempo. Foi um ato inconsciente. Só agora, voltando ao ponto em que eu havia parado na história, entendi o porquê: para escrever essas páginas, tive que revisitar o pior sentimento que já experimentei na vida. Foi como me afogar novamente naqueles dias inundados de medo, desamparo e solidão. ∎

CAPÍTULO 15

QUANDO AVA estava internada, a secretária da minha empresa de convites, que havia voltado a funcionar num prédio comercial há alguns anos, pediu contas – ia para um emprego que podia pagar melhor. De uma hora para a outra, precisava de uma substituta para atender os telefonemas, agendar os clientes e pagar as contas. O escritório não podia ficar fechado, então, pouco depois de receber a notícia, saí do hospital para dar uma espairecida e tentar achar uma solução para aquele novo pepino.

Sentada numa lanchonete ali perto, comecei a ligar desesperadamente para todas as indicações que conseguia me lembrar, mas nada de encontrar alguém. Prestes a desistir, a solução caiu do céu: uma moça bonita, bem arrumada e bem articulada havia presenciado minha saga ao telefone e, educadamente, me abordou para dizer que tinha disponibilidade para a vaga. Agradeci aos deuses por aquele presente e aceitei na hora. Ela começaria no dia seguinte, e nos encontraríamos pela manhã para eu explicar o serviço e entregar as chaves.

Quando eu estava na UTI, deixava o celular desligado, mas à noite, ao chegar em casa, sempre conferia as mensagens. De vez em quando, um ou outro cliente aparecia para dizer que estava tentando ligar para a empresa, mas ninguém atendia. No meio daquele turbilhão todo, não podia me dar ao luxo de me preocupar com reclamações isoladas. Então, reforcei com a nova funcionária a importância de respeitar os horários de chegada e saída, assim como os de almoço, e foquei na minha filha, que estava acima de qualquer coisa naquele momento. Quando tivéssemos alta, aí sim eu poderia voltar a atenção para o meu negócio.

Poucos meses depois, com Ava já estabelecida em casa, ganhando peso e sendo bem assistida por uma pessoa da minha confiança, vi que poderia, aos poucos, voltar a trabalhar. Os noventa dias de experiência da secretária venceriam ao fim daquela semana, e eu definitivamente não iria renovar o contrato. Àquela altura, já havia recebido um milhão de queixas de clientes alegando que ela nunca estava na sala, e descobri que as contas não haviam sido pagas, mesmo com o dinheiro entregue para isso. Eu guardava uma indignação do tamanho do mundo por essa mulher, já que ela havia se aproveitado de mim em um momento de extrema vulnerabilidade.

Naquela mesma semana, então, fui até o escritório para encerrar o contrato de trabalho. Mas, quando dei a notícia à funcionária, recebi de volta uma risada de escárnio, seguida da resposta: "Você não pode me despedir. Eu também vou ter um bebê!". Eu tinha sofrido mais um golpe, dessa vez de caso pensado. Sem saída, decidi que arcaria com todos os encargos que ela tinha direito por lei, mas através da justiça. Cagada de urubu era pouco para o que minha vida havia se tornado. Sim, eu fui ingênua, mas me culpar pela situação não iria resolvê-la. Havia acabado de sair de um hospital e não tinha cabeça para pensar em mais nada além do meu bebê. Mesmo assim, lá fui eu lidar com mais um problemão sozinha, já que meu marido se limitou a me xingar de burra, otária e muitos outros impropérios durante meses. A vida é "justa" – justa como vestir um jeans da Gisele Bündchen num manequim tamanho cinquenta.

Mas nem tudo eram dissabores. Ava, apesar de prematura, ganhou peso e foi um bebê muito tranquilo. Uma velha anciã num corpinho pequeno. Nunca reclamava de nada, só não dormia à noite, por causa do refluxo. Para tentar combater sua insônia, eu cumpria todo um ritual: banho quentinho com óleos essenciais para melhorar a qualidade do sono; mamadeira morninha; música relaxante tocando ao fundo; luz baixa. Às 19h em ponto, eu silenciava a casa e fazia uma reza braba, pedindo ao universo para dar tudo certo. Mas minha pequerrucha, que ia dormir às 20h, seguia acordando por volta das 23h e não voltava a fechar os olhinhos antes das 5h da manhã. Lembro das inúmeras vezes que fomos balançar na rede de madrugada, sob as estrelas, ou que entramos no carro para ela brincar com o volante. E havia, também, os banhos às 3h da manhã, quando ela vomitava devido ao refluxo. Íamos para o banheiro e ela ficava quietinha, me olhando. Nunca chorou. Ao contrário de mim, que derramava lágrimas de exaustão e autopiedade toda manhã: dormia cerca de duas horas por noite, já que precisava acordar às 7h para cuidar da minha primogênita antes de ir trabalhar.

Dizem que privação de sono é um método de tortura. Após dois anos nessa rotina esgotante, posso comprovar que é verdade. Acabei ficando meio pirada: sentia que flutuava no ar, como se estivesse desconectada do meu corpo. Numa mesma semana, bati o carro duas vezes – coisa que nunca havia acontecido ao longo de vinte anos de carteira – e atingi o auge da maternidade escovando os dentes com pomada para assadura. Os sinais eram claros, mas só fui reconhecer que precisava de ajuda quando um motorista de ônibus buzinou pra mim, em pleno cruzamento, pra dizer que havia um prato de papinha no teto do meu carro. A banana amassadinha, que mais parecia um cimento seco, estava lá há quase uma semana.

Assustada com a forma como aquilo havia escalado, parei de adiar e fui ao neurologista. Precisei de tratamento para reaprender a dormir. Meu corpo não atingia mais a fase REM, prejudicando a qualidade do descanso.[*]

Quando me lembro disso, penso que devia ser uma espécie de ninja, pois mesmo com todo o cansaço, essa foi uma fase muito criativa no trabalho. Minha empresa passou a ser reconhecida pelos convites de festas mais fabulosos da galáxia. Ao contrário da maioria, eu amava quando chegava a segunda-feira e podia sair para trabalhar. Era minha forma de descansar, além do resgate de uma Daniela num papel diferente da mãe exausta e esposa solitária.

No final daquele ano, então, comecei a olhar um pouco mais para mim e decidi realizar desejos antigos. Cismei de fazer uma tatuagem, a primeira de várias. Não uma estrelinha ou um coraçãozinho. Queria uma *tattoo* grandona, colorida, estilo *old school*. Tinha que ter coração alado,

---

[*] Passada a fase inicial do sono, caracterizada pela progressiva diminuição da atividade cerebral, atinge-se a fase REM, sigla para Rapid Eye Movement, ou movimentação rápida dos olhos. É durante esse período que predominam os sonhos, a consolidação da memória de curto prazo e o aprendizado. A inibição da fase REM diminui consideravelmente a qualidade do sono, prejudicando o descanso.

fogo, andorinhas voando e muitas rosas vermelhas. Tipo um elefante num fusquinha, sabe? Pois é. Foram necessárias duas sessões, totalizando dezesseis horas, para finalizar a obra. Os passarinhos não entraram, mas o restante sim, incluindo uma frase que até hoje diz muito sobre mim: "*L'amour me sauve*".

Sim, até hoje o amor me salva. Até hoje, ele me mantém viva. ■

> Era como se o sofrimento causado em mim permitisse que ele determinasse quando eu podia ou não ser feliz. *Cortar minhas asas* era uma forma de se manter no comando.

CAPÍTULO 16

2011 FOI um ano de acontecimentos marcantes. Há pelo menos quatro que eu gostaria de dividir aqui.

O primeiro foi rever o Tadeu, minha paixonite da adolescência, após trinta anos. Eu estava saindo do trabalho e passei rapidinho num bar para encontrar uma amiga, que já estava com uma turma, e tomar um chope antes de voltar para casa. Ele estava na mesma mesa e não tinha mudado quase nada, mas morri de vergonha de perguntar se lembrava de mim. Então, fiz a egípcia.

•

O segundo marco aconteceu no meio do ano, quando precisei pedir um empréstimo de quinze mil no banco. A dívida me deixou com a corda no pescoço: eu era autônoma e ganhava bem menos que meu marido, já que só conseguia trabalhar durante a tarde, quando as meninas estavam na escola. Mesmo assim, chegava a arcar com mais da metade dos custos da casa em alguns meses, e o dinheiro nunca dava. Eu evitava pedir qualquer coisa para o meu esposo, já que a simples menção de pagar contas ou comprar algo para a casa e para as meninas gerava todo tipo de desgaste. Para evitar conflitos, então, fui assumindo grande parte dos gastos sozinha.

Era eu que cuidava da casa, que pagava a nossa funcionária, a cota do clube, o plano de saúde dele (já que ele pagava os nossos), a manutenção de jardim e piscina, telefone, internet e tudo o que dizia respeito aos cuidados diários com as meninas, incluindo roupas, sapatos, natação, vacinas, medicamentos e tratamentos que o convênio não cobria, como dentista, além de uma série de extras com alimentação, já que ele havia imposto um limite mensal de gastos com supermercado. Isso sem contar as despesas que ele volta e meia pagava com o meu cartão de crédito, sempre alegando que, quando a fatura chegasse, acertaria os valores comigo – o que raramente acontecia. Já chegou ao cúmulo de eu comprar um celular para um funcionário dele e nunca ver esse dinheiro de volta.

Eu estava completamente sobrecarregada. Não agíamos como um casal em prol da família: era cada um por si, mas todos por ele. Meu marido não tinha problemas financeiros, mas eu vivia no vermelho. O casamento começava a incomodar, como uma farpa dolorida e difícil de extrair.

•

O terceiro acontecimento foi um grande marco do meu 2011, mas não do tipo que se comemora. Levei mais uma surra, talvez a pior de todas, pois aconteceu na frente das minhas filhas. Foi horrível.

Por volta de outubro daquele ano, nem na cama eu tinha mais um marido. Ele chegava todos os dias de madrugada, ia para o sofá, ligava a TV no volume máximo, sem se preocupar em acordar a mim ou às meninas, e dormia ali mesmo. No início, comprometida a manter o casal unido, eu ia para o sofá lhe fazer companhia, mas sempre acordava quebrada no dia seguinte. Então, quando isso virou rotina, desisti de tentar acompanhá-lo. Mesmo aos domingos, único dia que sobrava para a família, quando ele não dormia o dia todo, preferia fazer trilha ou beber com os amigos.

Naquele domingo não foi diferente. Eu e as crianças saímos cedo para o clube, e ele foi de moto para o mato. Quase sete da noite, quando chegou em casa, cheio de barro e cambaleando devido ao álcool, percebi, no cabelo comprido, uma trança embutida, claramente feita por outra mulher. Foi uma afronta. Me senti uma otária, e estava cansada disso. Cansada de ser invisível, de ser diminuída, de ser traída, de ser a única lutando para fazer aquele casamento dar certo. Minha raiva subiu como leite fervido. Transbordou, sujando tudo. Então, voei para cima dele. Mas eu era menor e mais fraca, e meus braços sequer o alcançavam. Socava o nada. Entre eu e ele, apenas uma barreira de escárnio: "Acha que pode me bater, sua vadia desgraçada? Tá maluca?". Sua voz era gutural, e os olhos, saltando das órbitas, destilavam ódio enquanto eu desabava diante da minha impotência.

De repente, as duas mãos enormes agarraram meus cabelos, me empurrando para o chão. Ajoelhada aos seus pés, numa postura de total rendição e humilhação, senti nos ombros o peso de um casamento desastroso. As meninas presenciavam tudo com os olhinhos arregalados, chorando apavoradas e sem entender o que estava acontecendo entre o papai e a mamãe. Depois dessa briga, ele passou a dormir no sofá todas as noites.

No final de semana seguinte, tínhamos uma festa de casamento para ir. Os noivos eram conhecidos dele, amigos da namorada de um primo ou coisa parecida, e eu não quis acompanhá-lo. Não tinha clima nem motivo nenhum para ir. Mas ele foi, e eu passei a noite varrendo minhas suspeitas para debaixo do tapete da intuição, coçando os chifres que só cresciam.

Quando chegou em casa, parecia um solteiro livre e desimpedido. Dia claro, paletó no ombro, feliz da vida. E mesmo com toda essa merda esfregada na minha cara diariamente, mesmo vivendo com um marido e pai ausente, mesmo sendo agredida e traída, eu, inacreditavelmente, ainda insistia em resgatar aquele maldito casamento. E essa persistência estava me adoecendo. Cega por uma obstinação irracional, tinha me esquecido do personagem mais importante da minha história: eu mesma. Em que momento havia me transformado naquela sombra? Como havia deixado o tempo escapar, engolindo em seco as inúmeras possibilidades de um amor nunca vivido? Percebi que eu tinha virado saudade, ausência de mim mesma. Minha vida não passava de uma promessa triste do que poderia ter sido. Como eu havia chegado àquele ponto, isso era um mistério. Depois de tanto pastar, honestamente, não sei como não virei uma vaca.

•

O quarto marco de 2011 aconteceu quando resolvi voltar a fazer alguma atividade física. Após anos de sedentarismo, com a autoestima lá embaixo, tomei coragem e liguei para o meu antigo *personal trainer*. Estava decidida a voltar para a corrida de rua, e como havíamos nos aproximado após o nascimento da Cloé, nossos encontros acabaram virando minha terapia semanal. Ele me fazia rir, ouvia minhas ladainhas e, em troca, eu ajudava com os perrengues dele.

Ficamos realmente próximos, a ponto de eu ser a única mulher, além da namorada, a sair com ele e os amigos mais chegados. Um deles se encantou comigo, e volta e meia, quando eu chegava no escritório, encontrava uma mensagem na caixa postal ou um "oi" no Messenger. Vivíamos batendo papo pelas redes sociais, e quando me dei conta, tinha me aproximado do amigo do meu amigo. Mas não passava de amizade. Assim como eu, ele também era casado. Conversávamos sobre os livros que estávamos lendo, os filmes que havíamos assistido, as dificuldades dos nossos relacionamentos e outros assuntos cotidianos. Ele se interessava por tudo que eu escrevia e fazia, e isso me encorajava a continuar. Depois de anos sendo diminuída pelo meu marido, apenas saber que eu ainda despertava interesse no sexo oposto bastou para fazer um bem enorme para a minha autoestima.

Estávamos, então, no final do ano. Alguns meses haviam se passado desde a agressão, e decidi que uma viagem em família, nossa primeira, poderia animar o casamento. Comprei, então, nossas passagens para aquele cruzeiro marítimo de Santos a Salvador. A viagem estava marcada para janeiro de 2012, e passaríamos por Ilhabela, Búzios e Salvador no caminho. Tudo parecia perfeito: as crianças se divertiriam com as atrações do cruzeiro, e nós, teríamos uma experiência romântica para reacender a "chama da paixão". Logo no primeiro dia, porém, meus planos naufragaram.

As meninas se recusaram a participar das atividades coletivas e grudaram em mim, dando a brecha que meu marido queria para passar os dias ensolarados na piscina do convés. Enquanto ele paquerava e se bronzeava sob o sol tropical, sempre na companhia de uma cerveja gelada, eu ficava por conta das nossas filhas. Devo ter emagrecido uns bons quilos de tanto correr atrás das meninas para dar almoço, banho, brincar e fazê-las dormir. Nessa viagem não rolou nem sexo, o único pilar do nosso casamento. Como suvenir, restaram apenas duas fotos: uma ainda sorridente no primeiro dia de viagem e outra completamente exaurida no terceiro. Não dava para continuar fingindo que estava tudo bem. A tristeza transbordava dos meus olhos.

Quando voltamos para Belo Horizonte, ele pediu o divórcio. Saiu de casa, comprou um imóvel na planta e foi morar num apart-hotel.

Poucos dias depois, descobri pelas redes sociais[1] que ele estava há meses tendo um caso com uma menina de 18 anos, filha de uma sócia.

Eu havia percebido antes disso, já que a garota sempre ligava em horários estranhos, deixando-o tenso quando eu estava por perto. Quando o questionava, porém, era sempre acusada de louca ou neurótica. Então, a verdade apareceu, e com ela um ódio profundo, mas com um alento: eu não era tão louca assim, muito menos neurótica. Ao final de quase dezessete anos de relacionamento, sendo dez só de casada, lá estava eu, sendo trocada por uma ninfeta mascadora de chiclete e adoradora de funk.

Às vésperas dele completar 37 anos, em plena "crise do lobo", meu marido saiu de casa para saborear uma paixão adolescente. Enquanto isso, vivia aventuras com várias outras mulheres, incluindo uma ex-namorada, a sogra cinquentona de um primo (lembra daquele casamento que não o acompanhei? Pois é!), uma moça que conheceu em um site de relacionamentos, a irmã de um funcionário, e por aí vai. Era tiro para todo lado. A lista era enorme, já que uma mulher nunca seria suficiente para satisfazer suas necessidades promíscuas e megalomaníacas.[2] E eu só soube de tudo isso porque, após meses separados, ele mesmo fez questão de vir esfregar na minha cara o quanto era irresistível, enquanto eu não passava de "uma mulherzinha de merda, uma escrota, ingrata, traidora e desclassificada, uma bolacha velha, podre, murcha e vencida, que só servia para uma noitada". Ainda segundo ele, qualquer mulher era "muito melhor, mais humilde e menos arrogante" do que eu. Pois é. Esse era o homem que eu tinha escolhido para ser meu marido. Lamentável, para dizer o mínimo.

•

O luto veio com um gostinho agridoce, uma mistura de tristeza, rejeição, alívio e redenção. Era ruim, mas era bom. Eu chorava, mas também trazia aquele sorrisinho no canto da boca, esperando a oportunidade de escancará-lo pela primeira vez em anos. Alguns sonhos continuavam meus. Outros, eu tinha total liberdade de abandonar na estrada, pois não me representavam mais – como aquele casamento infernal que drenava minha energia.

Quando temos filhos, é inevitável nos preocuparmos em como as mudanças estruturais causadas por uma separação podem afetar a todos intimamente. Evitamos, a todo custo, brincar com o desconhecido. Naquele ponto, porém, eu precisava desistir de coisas e pessoas para não desistir de mim mesma.

Era a primeira vez que eu sentia de verdade que ele me deixava ir. Tinha sido escolha dele. Talvez fosse uma oportunidade de me reinventar. Chorei no primeiro mês para limpar a dor. No segundo, comecei a sacudir a poeira, saindo com minhas amigas. No terceiro, resolvi me dar uma chance de ser feliz.

Tinha esse cara que eu conhecia de vista há alguns anos e achava um tesão. Era conhecido por ter sido vocalista de uma banda, e quando fiz minha primeira tatuagem, ele estava lá no estúdio. Nos adicionamos nas redes sociais, e toda vez que o reencontrava, a química flutuava no espaço proibido, levantando até os pelinhos do meu braço. Ele era desses. Com o coração acelerado e as mãos suadas, decidi que era hora de me atrever. Então, tomei a iniciativa e liguei para ele.

Dar meu primeiro beijo na boca e transar com outro homem depois de tantos anos casada foi como voltar à adolescência. Estava pulando o muro para ir atrás do proibido. Me senti viva. Aquele sorriso de canto de boca, tímido até pouco tempo, de repente ocupou seu espaço por direito. Voltei a ver um mundo mais colorido. Mas o inevitável aconteceu: farejando minha alegria, meu ex voltou a me rodear. Eu já havia dado entrada na separação, mas o velho radar apitou novamente, alertando que eu estava soltando as amarras e saindo da zona de segurança.

Começou de forma bem sutil. Ele vinha de mansinho, como um gato no meio da noite, sem fazer barulho, e a cada tentativa vestia uma atitude diferente: sofredor, humilde, galanteador, deprimido...

Então, começou a aparecer em casa. Eu chegava da rua e ele estava lá, dormindo no sofá. Isso aconteceu algumas vezes. Um dia, ao entrar no meu quarto, percebi uma trilha de pétalas de rosa que ia do closet até a cama. Sobre ela, muitas fotos nossas espalhadas, além de uma garrafa de Veuve Clicquot (quente, porém), um buquê de rosas vermelhas e um cartão, que dizia: "Você é a mulher da minha vida. Eu sei que errei, e passarei a vida te compensando por isso. Por favor, não me abandone". Coisa de filme. Muito lindo, muito romântico, mas, depois de tudo que havíamos passado, não me comoveu. Minha vida estava começando a melhorar, e me mantive firme, dizendo não. Mas sem guerra, pois apostava em uma separação amigável. Queria que ele tivesse acesso às meninas a qualquer momento. Por isso, não troquei a fechadura do portão.

Pessoas manipuladoras sabem enfiar o dedo onde dói, e meu ponto fraco eram minhas filhas. Ele, que nunca foi um pai presente, começou a pedir para passearmos com elas sempre. Em uma dessas vezes, levamos as crianças para conhecer a Gruta da Lapinha. Um passeio bobo, mas que me deixou feliz que nem pinto no lixo – era a concretização de tudo que eu queria durante o casamento. Lembro de acreditar, por um momento, que talvez ele tivesse precisado sair de casa para dar valor à vida em família. Afinal, ele parecia estar se esforçando para mostrar que havia mudado, dessa vez sob um novo ângulo: o da paternidade. Para ele era fácil, já que eu não pedia muito, nem as meninas. Por isso, cada migalha que ele oferecia parecia um oceano de afeto. Eu só queria um bom marido e um pai presente para as minhas filhas. Então, fui caindo nesse jogo sujo.

Hoje, entendo a complexidade que o perdão carrega, mas na época acreditava que, perdoando os erros, ignorando as ofensas, sendo compreensiva e amando incondicionalmente, os problemas sumiriam com o tempo. Se eu pedia tão pouco, não tinha por que o casamento não funcionar, certo? Bem, não. A verdade é que as pessoas passam por cima de nós quando sabem que serão facilmente absolvidas. Então, a cada vez que eu abaixava a cabeça permissivamente, também sufocava mais um tanto da minha dignidade. Meu perdão era permissivo, um passe livre para que ele vivesse sem pensar em mais ninguém.

Os dias iam passando, e ele, se aproximando. Numa noite dessas, já separados, chegou em casa de madrugada querendo transar. Eu já estava dormindo. Racionalmente, não queria aquilo, mas ele foi bem insistente e invasivo. Depois de muito põe a mão, tira a mão, acabei cedendo. Foi a primeira vez que, depois do sexo, senti nojo. Então, acordei-o e pedi que fosse embora. Na manhã seguinte, quando fui preparar o café, vi uma faca enfiada verticalmente no queijo. Era uma ameaça clara, ainda que a vítima, por enquanto, tivesse sido a coitada da muçarela. O cerco estava se fechando.

No final de semana seguinte, saí para comprar lençóis novos. Queria enterrar o passado de vez, e essa era uma forma simbólica de cortar os laços com a única parte daquele casamento que um dia fora boa: a cama.

Já em casa, com meu enxoval novinho em folha, comecei a arrumar o armário, separando para doação tudo aquilo de que não precisaria mais. Lembro de ouvir o barulho do portão sendo aberto e pensar que estava passando da hora de trocar a fechadura, principalmente depois daquela última investida. Ele foi direto para o quarto e perguntou do que se tratava aquelas pilhas de roupas de cama antigas. Devo ter comentado que não queria mais vestígios dele na minha cama. Foi a gota d'água. Seu ódio, reprimido desde o meu primeiro "não", mas subindo à superfície desde o episódio do queijo, entornou de vez. Ele foi até o closet, fuçou em alguma coisa no maleiro e voltou com uma pequena maleta preta. Dentro dela, uma arma que eu nem sabia da existência. Ele começou a carregá-la. Olhando nos meus olhos, disse que acabaria com aquele sofrimento ali mesmo.

Eu tremia inteira por dentro, mas, de alguma forma, consegui aparentar serenidade. Levantei, caminhei até o banheiro como se ele nem existisse e disse, com a voz mais calma que pude: "Se quiser atirar, vá em frente. Mas será pelas minhas costas. Assim, quando noticiarem nos jornais, todos verão o grande covarde que você é". Ligando o chuveiro, dei o ultimato: "Agora, dá licença que preciso tomar banho, e não farei isso na sua frente". Enquanto a água esquentava, eu fingia que conferia a temperatura e aguardava o disparo, rezando: "Deus, cuide das minhas filhas. Me proteja. Faça com que ele se acalme. Tire-o daqui".

Dizer a um narcisista que a imagem dele estava em jogo foi um baita acerto. Sei disso hoje, mas na época, não. Não me perguntem de onde tirei essa ideia. Acho que alguém lá em cima realmente olhava por mim, me mantendo tranquila e racional. Só voltei a respirar quando não senti mais aquele olhar às minhas costas. Havia saído do banheiro, depois, da casa. Eu e as meninas estávamos a salvo. Sem forças, desabei no chão e chorei por horas.

O que aconteceu depois disso me colocou em um grande dilema moral. Eu não queria sentir o desconforto de encarar a realidade, mas não dava mais para tapar o sol com a peneira. Havia duas opções: ou eu o denunciava à Delegacia de Defesa da Mulher, expondo meu martírio para o mundo, ou tentava juntar os cacos da minha família destruída mais uma vez, ainda que isso significasse voltar para toda aquela merda.

Vendo de fora, pode parecer difícil de entender, mas denunciar alguém com quem se tem laços íntimos de afeto, que é pai dos seus filhos, é uma decisão das mais difíceis de se tomar. É preciso muita coragem, e o caminho é longo e penoso: a vítima, à mercê de uma justiça lenta e falha, tem de lidar com um processo extremamente burocrático, muitas vezes sob julgamento da família e da sociedade. Em situações em que o relacionamento ainda é mantido, seja pelos filhos ou pela dependência financeira, é ainda mais complexo. Até então, eu enxergava meu casamento como problemático e difícil, não como abusivo. Achava que vivíamos períodos de crise permeados por fases apaixonadas. Demorei muito para me conscientizar de que aquele comportamento seguia um padrão doentio, duradouro, repetitivo e cada vez mais perigoso. E eu, que havia enfrentado aquilo sozinha por tanto tempo, que havia passado por cima de tanta coisa, tentando ao máximo fingir que estava tudo bem, me vi tomada por um sentimento de vergonha,[3] culpa e medo. Vergonha por ter escolhido tão mal meu parceiro e fracassado no casamento; por achar que violência doméstica era algo distante da minha realidade; de ser julgada como "mulher de malandro". Culpa por privar minhas filhas de um pai; por destruir uma família ao optar pela separação; por ter permitido que a situação se tornasse insustentável. Medo de denunciá-lo e ser agredida ou morta por isso; de não conseguir sustentar minhas filhas; de passar o resto da vida sozinha. Medo do futuro. A própria dinâmica do abuso psicológico, que se repete e escala rapidamente, tornando-se cada vez mais grave, minava minha capacidade de reação e meu senso crítico. A isso se associavam, ainda, fatores como falta de informação e conhecimento sobre meus direitos, além da grande dependência financeira em relação ao agressor. Definitivamente, minhas filhas não podiam pagar pelos meus erros.

Só sei que, após vislumbrar rapidamente o arco-íris nas minhas asas, acabei sendo sugada de volta para a minha gaiolinha de ouro.

•

Os meses que se seguiram a esse retorno foram muito estranhos. No primeiro dia dele em casa, passei boa parte da madrugada sob interrogatório. Segundo ele, para fazer o casamento dar certo, precisávamos começar do zero, e o primeiro passo era sermos completamente honestos um com o outro. Ele queria saber tudo: com quem eu havia saído, aonde tinha ido, com quantos caras havia feito sexo e tudo mais que dizia respeito à minha vida sem ele. Em contrapartida, como demonstração de "boa-fé", pegou o celular e, no viva-voz, ligou para várias mulheres na minha frente, explicando que tinha voltado com a esposa. Eu, que conhecia bem meu marido e já sabia do que ele era capaz, me acovardei: disse que não havia saído com ninguém, omitindo meu breve *affaire* de quando estávamos separados.

Iniciei aquele novo ciclo com um misto de medo, ciúmes e insegurança. Brigávamos muito, dessa vez partindo de mim, por medo de passar por tudo aquilo de novo. Foi uma adaptação muito difícil. A convivência não era espontânea, e nem o sexo era o mesmo. Era como se eu estivesse dormindo com um completo estranho.

Eu tinha mudado, e muito, assim como minha percepção sobre ele. Alguma coisa se rompera dentro de mim. Percebendo isso, ele começou a chegar mais cedo do trabalho, a tempo de pegar as meninas acordadas. Aos finais de semana, também passou a ser um marido e pai mais presente. Pela primeira vez, eu tinha a sensação de que estava vivendo um casamento de verdade. Então, fui baixando a guarda. Queria muito conseguir perdoar e seguir em frente.

A partir daí, começaram os agrados. Ele prometeu nos levar à Disney no fim do ano, e todo o dinheiro que eu havia investido naquele cruzeiro frustrado foi revertido numa recauchutagem digna de atriz de Hollywood: ganhei minha tão sonhada mamoplastia e fiz uma abdominoplastia. Fiquei com um corpaço. Aos 40 anos, quase três a mais do que ele, me sentia feliz por estar com tudo em cima, é claro, mas lá no fundo, o que eu queria mesmo era ser amada por algo mais consistente do que um belo par de peitos. Precisava da segurança emocional de saber que era amada por quem eu era, e não pelo que aparentava.

Ainda assim, tudo parecia estar caminhando bem. Eu começava a ter esperança e vislumbrava um futuro juntos novamente. Começava a me convencer de que havia me enganado: era possível, sim, consertar o casamento. O que tínhamos vivido antes não passara de uma fase ruim. E essa "fase" durou mais de uma década. ■

📝 NOTAS DA AUTORA:

① Uma tática clássica dos abusadores é esfregar na cara da vítima, logo após o descarte, a vida que ela gostaria de ter tido com ele: viagens, passeios, diversão, amor, tudo passa a ser vivido ao lado de outras pessoas, levando-a a crer que "perdeu sua chance".

Se você está passando por algo semelhante a isso agora, acredite: a vida do abusador é falsa como ele. O que vemos nas redes sociais não passa de uma ilusão, o canto da sereia para atrair você novamente às profundezas do relacionamento. Essa tática, conhecida como *hoovering* – referência a Hoover, famosa marca norte-americana de aspiradores –, costuma ser empregada após um período de afastamento, quando o abusador busca recuperar o controle sobre a vítima "sugando-a" de volta para o ciclo abusivo. Se você quer sair dessa situação, segue um conselho valioso: bloqueie-o de tudo. Não busque notícias. Deixe de lado aquela fantasia do que poderia ter sido. Em vez disso, procure criar momentos reais e verdadeiramente felizes para você.

2 Apesar de a traição ser considerada uma forma de agressão e uma falta de cuidado com o parceiro, nem todo infiel é um abusador, mas todo abusador narcisista perverso é promíscuo e infiel. Através do sexo, a vítima é objetificada, e as traições constantes passam a minar sua autoestima. Sentindo-se diminuída e sem valor, ela passa a se questionar onde errou e o que poderia fazer de diferente.

3 Para o cérebro humano, a linha entre dor física e emocional é muito tênue. Por isso, não raro sentimos dor ao encarar um problema. Tal entendimento nos ajuda a perceber que um relacionamento abusivo se sustenta por três pilares: a vergonha, a culpa e o medo. Em seu livro *A coragem de ser imperfeito* (2012), Brené Brown aponta que, quando criamos coragem para falar abertamente sobre um assunto que nos causa angústia, a vergonha tende a diminuir, já que é um sentimento que se alimenta do segredo e odeia ser o centro das atenções. Então, se você tem sofrido em silêncio, procure conversar sobre o problema, ouvir pessoas que passaram por experiências semelhantes ou mesmo escrever sobre o que o aflige.

Porém, muitas vezes, o que impede a vítima de aceitar ajuda é o fato de ela não se enxergar em um relacionamento abusivo. O machismo estrutural em nossa sociedade romantiza o abuso ao ensinar que ciúme é cuidado e que é preciso sofrer para alcançar a felicidade, normalizando e diminuindo situações de violência. Nesses casos, o papel de um(a) colega, amigo(a) ou familiar é alertar sem julgamentos, mesmo que o outro não queira ouvir ou não acredite a princípio. Lembre-se que, para quem vê de fora, os problemas podem ser gritantes, mas quem vive o relacionamento nem sempre os enxerga, seja por dependência, seja por ainda não estar preparado para encarar a situação.

O apoio às vítimas de abuso exige, acima de tudo, muita paciência, acolhimento e amor. É preciso mostrar que ela não está sozinha. Esteja sempre lá quando a pessoa precisar e não desista – uma hora a ficha irá cair.

CAPÍTULO 17

EM AGOSTO de 2012, senti necessidade de escrever. Queria processar meus pensamentos, me reconectar com minha essência, entender quem eu era, ou quem tinha me tornado. Então, criei um blog pessoal, o Viagra pra Bunda.

No primeiro mês, escrevi freneticamente. Um desses textos viralizou, sendo lido por aproximadamente três mil pessoas, metade delas nas primeiras trinta e seis horas após o post ir ao ar. As pessoas comentavam, interagiam e elogiavam. Saber que eu tinha algo a dizer, e que as pessoas gostavam, era uma novidade. E isso deu um *upgrade* na minha autoestima.

Quando comecei a escrever este livro, precisei tirar a poeira do blog e reler alguns textos, e pude ver o quanto mudei em diversos aspectos. Muito do que estava ali não refletia mais algumas opiniões, mas contextualizava minha trajetória de vida. Naquela época, a sociedade era outra. O feminismo andava sonolento e não estava em pauta como hoje – não se falava em sororidade, machismo, opressão, diversidade, empoderamento ou relacionamento abusivo. Vivíamos num mundo onde a mulher era ainda mais invisível e subjugada ao homem. O sexo vinha com manual de "Como agradar o parceiro", e o corpo feminino era usado como instrumento de venda de qualquer produto. Nem preciso dizer que ser gorda era um pecado mortal. Felizmente, esses ideais machistas, que aprisionam, adoecem e matam mulheres, tem sido cada vez mais descontruídos, levando a uma evolução coletiva sobre o espaço que ocupamos na sociedade.

Apesar de tanta coisa ter mudado em quase uma década, foi uma surpresa agradável ver que minha essência ainda estava ali, preservada em cada linha daqueles textos antigos. Acredito, de verdade, que todos temos um "curador interno" que nos diz o que fazer. Basta saber ouvir, ou, no meu caso, escrever: através do blog, iniciei, intuitivamente, um movimento de autocura celebrado hoje como escrita terapêutica. Anos depois, quando comecei a estudar para entender minha jornada, me dei conta do quanto havia sido assertiva: o neurocientista Paul Zak descobriu que contar e ouvir histórias faz com que o cérebro libere cortisol e oxitocina, hormônios que favorecem as habilidades de estabelecer vínculos e exercer empatia. Saber que se é ouvida, acolhida e compreendida é, também, uma forma de dizer ao coração que você não está sozinha com as suas dores.

Desde a década de 1980, um número crescente de pesquisas vinha se concentrando na escrita como meio de promover a cura. Uma das contribuições mais importantes nesse sentido foi a do psicólogo social James Pennebaker, que descobriu que traduzir em palavras experiências dolorosas, por vezes confusas, ajuda a torná-las compreensíveis, permitindo que as enfrentemos com mais clareza e objetividade. O ato de escrever cerca de vinte minutos por dia, sem filtros, interrupções ou preocupações gramaticais, é capaz de provocar mudanças concretas na saúde física e mental, contribuindo com o sistema imunológico. Hoje, tenho claro que meu processo de divórcio e o resgate de mim mesma só se iniciaram quando comecei a retomar, através daquele bendito blog, meus verdadeiros pensamentos. Foi através das palavras que me deparei com minha sede de vida e com uma mulher forte, intensa, divertida, bem-humorada, cheia de desejos e ideias próprias. Eu estava no caminho certo. Em retrospecto, apesar de entre quatro paredes eu viver o caos, ainda havia um brilho, um fogo que insistia em arder. Acho que nunca demonstrei minha tristeza e fragilidade para o mundo, apenas tinha essa noção doída do quão aquém eu estava das minhas possibilidades, sufocada por um casamento difícil e tóxico. Mas foi muito bom ver que, mesmo escondida atrás da cortina, meus pés continuavam à vista. Só sei que escrever e ver a reação das pessoas ao ler meus textos me fez um bem danado.

No primeiro semestre de 2012, quando retomamos o casamento, ele me pediu para excluir o Facebook. Os posts que eu publicava e meu senso de humor sarcástico despertavam reações nas pessoas, e cada nova curtida ou pedido de amizade se transformava em briga.

O blog, então, foi a forma que encontrei de libertar meus demônios sem me envolver em novas discussões.

Apesar de tê-lo fechado para visualização pública desde que encerrei minhas atividades por lá, os textos ainda existem, e cada um deles me ajudou a enxergar minha sede de vida. Neste livro, optei por reproduzir alguns na íntegra, sem as metamorfoses evolutivas que se sucederam na sociedade ou no meu mundinho particular. Vários foram inseridos no decorrer da história, e o restante, num anexo ao final do livro.

BLOG | Agosto de 2012
HOMENS MINEIROS E A ÚLTIMA COCA-COLA DO DESERTO

O homem mineiro já vem ao mundo estragado. Na maternidade, quando nascem 500 bebês, 499 são do sexo feminino. Pronto. Já fudeu. O varão, desde pequetito, se acha o rei da cocada preta. Pode nem ser o bonitão da bala Chita, mas é disputado como se fosse a última Coca-Cola do deserto. Isso porque a mulherada aqui acha que tem que casar pra manter a tradicional família mineira. Então, o sujeito é disputado a tapa. Vira guerra de trincheira. O nível é abaixo do subsolo, entenderam? O cara acaba se achando. E o cara que se acha não burila o caráter. Vira um babaca.

Homem mineiro não faz força pra conquistar, nem pra ser gentil com as moças, nem pra ser atencioso. É PhD em "Como não tratar uma mulher". A prepotência reina porque eles acreditam que nasceram para serem servidos. Não existe muita troca. É uma via de mão única. Não quer? Tem quem queira. E quem sai perdendo? Todo mundo, mas principalmente eles mesmos, que muitas vezes deixam passar aquela garota especial porque não sabem separar o joio do trigo. Como a oferta é grande, acabam se comportando como cafajestes escrotos e pouco confiáveis. Ao mesmo tempo que reclamam que a mulherada não está fácil e querem alguém bacana pra namorar, quando arrumam, fazem questão de exercer seu lado mais chauvinista, deixando a namorada em casa e voltando pra balada pra se divertir. Não sabem valorizar a mulher. Homem mineiro tem um machismo que beira o ridículo. É na base do "eu posso tudo, mas minha mulher não pode nada".

Mulher, meu amigo, não importa se é mineira, paulista, baiana, carioca, alta, baixa, gorda, magra, branca ou negra, gosta é de homem divertido, inteligente, atencioso e CONFIÁVEL. Pra nós, mulheres de verdade, não importa a barriguinha saliente, o aeroporto de mosquito, o tênis descombinando com a blusa, se você anda a pé ou de Porsche. O que importa é se você é capaz de nos fazer caminhar nas nuvens e, principalmente, nos manter lá. Porque fingir ser um príncipe e não saber usar a coroa é a mesma coisa que escolher uma santa e depois descobrir que é uma pu#@.

•

No dia 20 de setembro de 2012, fiz dez anos de casada e ia sair pra comemorar com meu marido. Combinamos de jantar num restaurante bacanudo. Chamei a babá, fui ao salão, fiz pé, mão, sobrancelha, depilei, arrumei o cabelo, comprei lingerie e roupa nova, me maquiei, perfumei e fiquei pronta.

Naquela noite, meu marido me deixou plantada por horas, não aparecendo a tempo para nossa noite romântica, mesmo após minhas inúmeras ligações. Quando chegou, naquela quinta pra sexta, depois da meia-noite, a maioria dos restaurantes já tinha encerrado a cozinha. Eu já tinha me deitado, tirado o rímel borrado de tanto chorar e estava com um buraco enorme no peito chamado decepção.

Ele tentou compensar com sexo, mas o sexo já não estava tapando meus rombos. Virei para o lado e disse a mim mesma que amanhã seria um novo dia. E foi mesmo, porque eu estava cansada de tentar fazer meu casamento dar certo.

Quando cheguei ao escritório, havia uma mensagem do amigo do meu *personal*. Queria saber se eu podia emprestar o livro *Comer, amar e rezar*, da Liz Gilbert, pra ele. Na nossa última conversa virtual, contei a ele que tinha acabado de ler e amado a história. Então, quando ele apareceu na minha sala naquela tarde, eu entreguei o livro e mais alguma coisa. ■

BLOG | Setembro de 2012

MEU TIO E PESSOAS QUE TREPAM EM LUSTRES

Tenho um tio que sempre diz que todo mundo tem um lado oculto, mas que o meu é muito revelado. Fala isso como se fosse uma coisa ótima. Ele também diz que gente muito certinha, pode saber... Entre quatro paredes, sobe em lustre.

Na cabeça dele, eu demonstro isso em público, e se duvidar, ainda planto bananeira no poste. Não sei se concordo com tanta capacidade de desprendimento, mas fato é que, pensando nessas pessoas certinhas, caretas e travadas 100% do tempo, acho que ele tem razão.

Quem não expõe suas sombras geralmente são pessoas perigosas. Tipo panela de pressão, sabe? Sem uma válvula de escape em bom estado, uma hora aquilo explode. Faz mal ter autocontrole o tempo todo. É um falso equilíbrio. Ninguém é tão perfeitinho assim. Todo mundo é um pouco montanha-russa. Tem dia que estamos tristes, outros felizes, dias em que ficamos insuportáveis, outros cheios de energia, dias em que acordamos antissociais para, à noite, estarmos divando.

Não se trata de bipolaridade ou de enlouquecer o próximo com desatino. Felizmente, para esse tipo de descontrole, existe remédio. Mas domar a si mesmo 24 horas por dia, isso é um grande passo para a infelicidade. É abafar a própria essência em prol de regras impostas pela sociedade. Já não basta ter que ser independente, depilada, bem-sucedida, magra, bonita, bem cuidada, culta, boa de cama, boa de volante, você ainda tem que gostar de peixe cru e barrinha de cereal? Ah, que inferno! Me deixa ser uma mocreia de sirene de vez em quando sem que meu relacionamento fique irremediavelmente abalado por isso. Me deixa beber e falar merda nas raras vezes em que eu saio sem me internar no AA no dia seguinte. Me deixa ser doidinha e sem juízo aos 40 pra que eu não me transforme numa velha rabugenta aos 42.

A meu ver, autocontrole é um "quase" defeito, muito mais do que uma qualidade. Em excesso, pode nos fazer desperdiçar o que temos de melhor – essa poesia interna capaz de romper amarras morais e sociais, nos transformando em heróis da nossa história. Minha semana fica muito chata quando não tenho meus arroubos esporádicos. A vida se faz com atrevimento, impulsos criativos e surtos de paixão. E trepadas homéricas no lustre.

CAPÍTULO 18

ME TORNEI muito amiga da segunda esposa do meu cunhado, irmão do meu marido. Ela também enfrentava uma "crise" no casamento, e conversávamos bastante.

Por volta de junho de 2012, logo após aceitar meu marido de volta, fui à casa dela tomar uma cervejinha. Meu cunhado havia saído, e fofocamos sobre como estavam as coisas após meu retorno ao casamento. Não tínhamos segredos: ela sabia que, durante minha breve separação, eu havia saído com o roqueiro bonitão e tatuado, e que não tínhamos mantido mais contato. Ela pediu para ver o cara e eu abri o Facebook no computador, que ficava no escritório do meu cunhado. Santa ingenuidade. Não sabia disso na época, mas, naquele dia, entreguei de bandeja todas as provas do meu "pecado mortal": o computador tinha sido grampeado pelo meu cunhado para controlar os passos da esposa. Então, naquele momento, minha privacidade também foi invadida.

Com acesso livre às minhas conversas privadas, ele copiou tudo e gravou num CD. Não satisfeito com tamanha escrotice, ainda mostrou os registros para uma das irmãs, que já não era minha fã. Foi um prato cheio. Num piscar de olhos, meu marido infiel e abusador ganhava a redenção de que precisava por todos os seus atos anteriores. Eu tinha "escondido" que havia "pulado a cerca" enquanto estivemos separados, e agora tinham descoberto que eu não era santa! Meu lado "louco", que se resume a dar peteleco no aquário pra assustar os peixes, ou passar de carro sobre uma formiguinha microscópica, não era páreo para aquela família.

Meu cunhado não precisou fazer muita coisa. O despeito que minha cunhada sentia por mim cozinhou lentamente, e ela esperou meses para dar o bote.

No dia 15 de dezembro daquele ano, eu estava dando pulinhos de felicidade porque, pela primeira vez em dez anos de casados, meu marido tinha me convidado para a festa de fim de ano da empresa – nada além de migalhas de afeto. Combinamos de deixar as crianças na casa da mãe dele, mas, chegando lá ao fim da tarde, chamei várias vezes à porta e ninguém atendeu. Liguei para a minha sogra, que precisara dar uma saída, e ela me informou que minha cunhada estava em casa. Pediu que eu aguardasse um minuto. Ligaria para a filha abrir a porta.

Quando a bruaca apareceu na rua, nitidamente a contragosto e com a cara mais feia que o normal, percebi que havia alguma coisa errada. Ela puxou as meninas rispidamente para dentro, batendo o portão na minha cara. Então, numa atitude covarde, com minhas filhas presas do lado de dentro, começou a me ofender: "Sua falsa, interesseira, manipuladora, vagabunda! Acha que eu não sei quem você é?". Na hora, achei que estivesse irritada por eu tê-la tirado da cama para abrir a porta, mas, de repente, minha ficha caiu. Ela não havia atendido de propósito, e agora ameaçava expor ao irmãozinho inocentado todos os "podres" que havia descoberto sobre mim. A satisfação escorria como veneno daquele coraçãozinho podre.

As meninas, assustadas, começaram a pedir para a tia abrir a porta. Não queriam mais ficar lá dentro. Ela recusou, gritando que só abriria quando minha sogra chegasse. Meu sangue ferveu. Minhas explosões de raiva, apesar de raras, não eram bonitas de se ver. As coisas podiam ficar bem feias, e ela havia mexido com o que eu tinha de mais sagrado: minhas filhas. Aquela mulher não tinha o direito de manter minhas meninas como reféns. Aos berros, liguei para o meu sogro, a minha sogra, o meu marido, e estava prestes a chamar a polícia quando ela decidiu abrir a porta. As meninas correram em minha direção. Coloquei-as no carro e, com ódio profundo, saí de lá como um prenúncio de tempestade.

Eu estava com a adrenalina à flor pele, e precisei parar o carro para me acalmar um pouco e tentar pensar de forma pragmática. Estava farta de segredos. Meses haviam se passado desde que voltamos, e meu marido certamente compreenderia por que eu tinha omitido a verdade.

Estávamos separados na época, e se ele tinha o direito de ficar com quem quisesse (e não foram poucas), eu também tinha. Decidida a tirar aquele esqueleto do armário, então, fui ao bar onde seria a festa da firma e contei toda a verdade para ele. Era melhor saber pela minha boca do que pela dos outros, certo? Bom, não mesmo. Foi um erro fenomenal de cálculo.

Naquela noite, ele não voltou para casa. Chegou com o dia já claro, completamente bêbado e descontrolado. Eu ainda estava dormindo, mas acordei sobressaltada com o barulho da porta da sala batendo com força. Quando entrou no quarto, nem tive tempo de perceber o que estava me atingindo. O primeiro tapa foi tão violento que deixou meu ouvido zumbindo por horas. Então, como se eu fosse uma boneca de pano, ele me arrancou da cama pelos cabelos e começou a me espancar. Me lembro de gritar a plenos pulmões, pedindo a Deus que alguém me ouvisse e chamasse a polícia. Eu sabia que daquela vez a coisa ia ficar feia – e ficou.

Ele me jogou no chão, torcendo meu braço, e sentou sobre mim, me sufocando com seu peso e tapando minha boca com uma mão. Com a mão livre, começou a me enforcar. Eu esperneava e o arranhava, mas, sem conseguir respirar, fui ficando cada vez mais fraca. Estava quase perdendo a consciência quando minha filha mais velha, então com 8 anos, entrou no quarto e impediu a tragédia. Foi o tempo de tomar uma lufada de ar e reagir. Peguei a Cloé e corri para a rua, implorando por ajuda. Me escondi atrás do vigia como uma criança apavorada, minha filha caçula ainda dentro de casa. Mas nem precisei chamar a polícia – ao ouvirem os pedidos de socorro, três vizinhos já o haviam feito por mim.

A viatura chegou por volta das 8 da manhã, e meu marido, completamente enfurecido, enfrentou os policiais, que davam ordens para que abrisse a porta. Ele se recusou e os policiais forçaram a entrada, no que foram empurrados de volta. Nessa truculência, Ava, que tentava sair ao meu encontro, se machucou. Seus dedinhos ficaram presos na fresta do portão, e por pouco não quebraram.

Minha irmã chegou pouco depois para buscar as meninas, e eu fui encaminhada para a Delegacia de Defesa da Mulher, onde finalmente o denunciei. No boletim de ocorrências, ele disse um monte de mentiras: que eu o agredi primeiro, que joguei uma cadeira em sua direção, que o provoquei, chamando-o de corno e dizendo que ele só servia para pagar as contas. Estava tão desequilibrado que ofendeu até a delegada, e acabou sendo enjaulado até se acalmar.

Na hora, me senti aliviada por ter feito a denúncia, mas sabia que a vingança viria em dobro. Faltavam oito dias para o Natal e dez para nossa viagem para a Disney. O sonho das meninas seria destruído, assim como o meu de unir a família. Como eu explicaria aquilo para elas depois de tantas expectativas criadas? Não tive coragem. Eu deixaria de ir, é claro, mas não queria que as meninas pagassem o preço. Ele já havia dito que não as levaria sozinho, então, sugeri que levasse a irmã fofoqueira no meu lugar. Acontece que a passagem era intransferível, e vendo que eu não mudaria de ideia sobre acompanhá-lo, começou a exigir que eu ressarcisse todo o dinheiro da viagem. Liguei para a agência desesperada, mas eles não devolviam o valor do pacote. Não satisfeito, ele ligou para a minha mãe e disse a ela que se preparasse, pois só pagaria as contas enquanto ainda dormisse em casa. Em seguida, me ofendeu até fazê-la chorar.

Todo mundo estava pagando um preço muito alto pelas atitudes daquele desgraçado – minhas filhas, meus pais, meus irmãos. Eu não parava de me culpar por tudo aquilo estar acontecendo. Tinha sido escolha minha casar com aquele louco. Eu era a responsável pelas minhas más escolhas, e só eu tinha de arcar com as consequências. Então, à primeira menção de um pedido de desculpas esfarrapado, enfiei o rabo entre as pernas, vesti meu sorriso amarelo, entrei naquele avião e, me sentindo mais burra que o burro do Shrek, fui conhecer o Mickey, o Pateta e a Margarida.

A viagem foi muito estranha, como já era de se esperar. Estávamos na Terra dos Sonhos, mas eu vivia um pesadelo. Qualquer coisa era motivo para briga, e às vésperas do Ano-Novo, já no final da tarde do dia 31 de dezembro, ele se deu conta de que havia esquecido um iPad numa das lojas. É claro que eu fui responsabilizada pelo erro. Guardo até hoje, na memória, os olhares de espanto das pessoas que passavam por nós: mesmo sem entender nosso idioma, os gritos e berros do meu marido, misturados à sua linguagem corporal agressiva, diziam muito quando comparados à minha postura passiva e acuada.

Onde estava a magia do casamento? O que aconteceu com o conto de fadas com o qual eu havia sonhado a vida inteira? Naquele Réveillon, não comemorei com minhas filhas. Enquanto os fogos anunciavam a chegada de 2013, eu fazia um *tour* desesperador pelo Magic Kingdom, revirando todos os Achados e Perdidos. Nem tenho palavras para descrever a gratidão que senti quando vi que meu anjo da guarda, mais uma vez, interveio por nós: alguma alma honesta tinha achado e devolvido o maldito iPad. Depois de duas horas e meia de caminhada pelo parque, tendo percorrido quase vinte quilômetros, me despedi de 2012 com os pés cheios de bolhas e os olhos cheios de lágrimas.

O tão sonhado Jantar com as Princesas aconteceu poucos dias depois da virada. Programado desde o Brasil, havia uma expectativa enorme por parte das meninas. Na hora do evento, porém, após um dia inteiro no Epcot, um dos maiores parques da Disney, estávamos os dois sem bateria, impossibilitados de registrar aquele momento tão especial para nossas filhas. Como só eu falava um inglês precário, fui intimada a ir de mesa em mesa pedindo um carregador emprestado. Ele me apressava e ofendia, me chamando de estúpida e dizendo para eu andar logo. Foi um clima desesperador de tenso, e consegui perturbar o castelo inteiro. É surreal, eu sei. Mas, me sentindo anulada como pessoa, já não tinha a mínima capacidade de estipular limites para os intermináveis abusos do meu marido. Eu faria qualquer coisa para evitar conflito. O *staff* do restaurante, percebendo minha aflição e querendo interromper aquela saga, providenciou rapidamente, sem nenhum custo, uma câmera fotográfica descartável. Só assim a paz voltou a reinar.

A viagem toda foi desse jeito: tensa. Minha sorte era ter a companhia das meninas, com quem vivi vários momentos divertidos e memoráveis. Elas estavam felizes. Então, por elas, eu também estava.

Quando voltamos para casa, os ataques também voltaram, e com força total. Todos os dias, eu era abusada psicológica, moral, verbal e financeiramente. Por isso, no dia 30 de janeiro de 2013, após sofrer uma pressão insuportável, compareci à 15ª Vara Criminal e declarei, "por livre e espontânea vontade" (#SóQueNão), que não precisava mais das medidas protetivas requeridas anteriormente. A verdade era que, após muitos berros e chantagens por parte do meu marido, fui coagida a solicitar a revogação e, consequente, o arquivamento do caso.

Hoje, não existe mais essa brecha legal. A lei mudou, e agora, quando uma ocorrência é registrada, o Ministério Público dá sequência ao processo imediatamente. A medida foi um grande avanço para os casos de abuso, já que, assim como eu, muitas vítimas retiravam as queixas após serem pressionadas pelo parceiro.

Os meses que se seguiram à viagem para a Disney não passaram nem perto de um conto de fadas. Bastava que ele chegasse em casa contrariado para que eu fosse abordada com um dedo em riste no nariz, ou tapinhas intimidadores no rosto. Passei a substituir qualquer vestígio de amor por medo e repulsa. Perdi completamente o tesão. O encantamento havia acabado. Então, voltei a escrever. ∎

BLOG | Janeiro de 2013

QUANDO TODA MULHER É U-O-MEN

Sempre achei o Mickey um personagem fresco e chato pra chuchu. As princesas são lindas, mas sinto vontade de vomitar quando imagino aquela singeleza cor-de-rosa acompanhada de cantoria 24 horas por dia. Do Pateta eu gosto, principalmente porque minha risada é *ipsis litteris* a dele. O Pato Donald é azarento igual a mim, por isso me identifico bastante. No geral, porém, Disney sempre foi muito "final feliz" pra pouca realidade.

Só que aí eu fui pra Orlando pela primeira vez, nas férias de janeiro, com meu marido e minhas filhas, e confesso que me rendi. Voltei a ser uma criança histérica e totalmente deslumbrada, com idade mental de 5 anos. Se eles fizessem fantasia de princesa para adultos, juro que teria desfilado por toda Orlando de coroa, vestidão purpurinado e luvas até os cotovelos – para constrangimento de toda a minha família que, aliás, fingiu várias vezes não me conhecer, tamanha a alegria da quarentona aqui. Só fiquei arrasada porque não deu pra brincar nem um décimo do que eu queria: quando eu não estava enfrentando uma fila quilométrica para levar as meninas ao banheiro, estava em outra fila quilométrica pra alimentar as solitárias daquelas barrigas. Mas, no geral, aquele povo faz jus à fama. Parece uma lavagem cerebral, com tudo tão lindo e perfeito que você se recusa a colocar os pés no planeta Terra outra vez. Principalmente para pessoas como eu, que tem a imaginação "um pouco" exacerbada. Ao fim dos dez dias, nem o aeromoço maquiado conseguiu restaurar meu bom-humor por ter de voltar à rotina massacrante de trabalho, falta de grana, trânsito, supermercado, birra de filho, marido de TPM, gente chata, e por aí vai.

Mas de tudo se tira uma lição, e a minha é: seja ótimo em mímica, ou estude inglês. Apesar de ter perdido minha fluência, o meu me salvou em várias situações. Menos quando minha filha mais velha perguntou por que nos EUA, toda mulher, quando vai no banheiro, é "O Homem": Women = U-O-MEN. Hahahahaha! Posso até não ter um Pateta em casa, mas tenho duas princesas engraçadíssimas.

BLOG | Março de 2013

COMOÇÃO HISTÉRICA E PROPRIEDADE PRIVADA

Minha mãe diz que eu produzo uma espécie de "comoção histérica" em quem convive comigo. Automaticamente, isso me transforma em mãe de duas crianças descontroladas, dona de dois cachorros destrambelhados e esposa de um cara que... bem, o marido já nasceu fora do eixo, e dessa responsabilidade eu me isento (eu acho). A questão é que todos acham que sou uma espécie de propriedade privada, o que gera disputas de atenção constantes: eu ouço "máeeeee" e "Daniiiii" e "Au! Au! Au!" um zilhão de vezes por dia. Se eu me chamasse Maximiliana ou Filomena, talvez tivesse impossibilitado o processo, mas "Daniiiii" soa quase como aquelas sinetas de antigamente, usadas para chamar criados.

Disputa por parte dos filhos a gente até entende, mas dos cachorros? Pois é... Meus bichos me mordem toda vez que eu pego a bolsa pra sair, e quando chego, pulam em mim como se eu estivesse voltando de uma viagem ao redor do mundo. Posso ter ficado fora por apenas três minutos, mas o processo se repete toda vez.

No momento, um dos cães, que aprendeu a pular a janela pra ficar comigo dentro de casa, está dando cabeçadas na minha mão porque estou escrevendo este texto ao invés de fazer cafuné nele. Esse mesmo cão se acha tão dono de mim que, certa vez, enquanto eu conversava, ele queria brincar de bola. Então, eu o mandei deitar. O que ele fez? Mijou em mim pra marcar território, como se eu fosse um maldito poste.

É esse o tipo de comoção histérica a que me refiro. Por um lado, é até lisonjeiro: bem que gostaria de ser o tipo de pessoa que meus cachorros e filhas acham que sou... Por outro, acho que já esqueci o significado das palavras "privacidade" e "isolamento". Não sei o que é fazer cocô sozinha, como um ser humano normal, há quase dez anos, já que sempre tem alguém requisitando minha presença. A hora de dormir também é um drama, porque as meninas não vão pra cama sozinhas – eu preciso ir "dormir" com elas. E não dá pra fazer uma dormir, depois a outra, porque enquanto estou no quarto com uma, a outra fica me chamando aos berros. Aí, ninguém dorme, e só saio de lá depois da meia-noite. Pra simplificar, então, boto as duas na minha cama. Funciona em partes, porque elas começam a disputar quem vou abraçar e pra quem vou olhar. Resultado: fico na horizontal, na "posição espantalho", os braços abertos, olhando pro teto pra evitar disputas territoriais após 22h30 e torcendo pra que nenhuma das duas faça xixi em mim, nem na minha cama... É, eu também sou o poste delas.

Tenho uma amiga que diz que entrar na minha casa é como participar de uma corrida de obstáculos: quando abro o portão, é cachorro latindo, mordendo, criança gritando, brigando, pulando, telefone tocando e eu berrando, para completar a esquizofrenia doméstica. Só para esclarecer, sou uma mãe megapresente: passo todas as manhãs com as meninas e só trabalho depois de deixá-las na escola. Raramente saio, e meus fins de semana são todos delas. Eu que dou banho, eu que escovo os dentes, eu que penteio o cabelo, eu que as limpo no banheiro, eu que levo e busco em todo canto, eu que ajudo com o dever de casa, eu, eu, eu, eu. Então, essa comoção histérica definitivamente não é uma síndrome da ausência.

Talvez eu peque pelo excesso. Tem hora que preciso implorar por um-minuto-de-silêncio-por-favor, porque é no silêncio e na quietude que eu me encontro. E como essas são coisas raras na minha vida, tenho sentido falta de mim. Preciso urgentemente reconquistar meu território, que ficou perdido entre algum "mãaaaae", "Daniiiii" ou "Au! Au! Au!".

Tá decidido. Vou tirar férias sozinha.

Ai, que tenso, melhor não! Acho que ainda não estou psicologicamente preparada para declarar tanta independência e ainda conseguir relaxar. O jeito é me penhorar até o dia que eu puder me resgatar. Até lá vou sendo propriedade alheia. Como dizem por aí, se você não vive por alguma coisa, você vai morrer por nada. E eu tenho vários e deliciosos motivos por quem viver. E todos eles adoram mijar em mim.

BLOG | Abril de 2013

MEU NOME É DA, BU-DA – A PHYNA

Eu sou humana. Mas humana demais da conta. Não no sentido de ser uma pessoa benevolente, compreensiva, solidária. De vez em quando, até sou tudo isso aí, mas, no geral, sou só uma bocó que todo mundo pisa na cabeça. Culpa de quem? Minha! Eu, sem querer, permito isso. E permito porque sou uma banana, o que gera frustração interna, quilos extras na balança e muitos, mas muitos pensamentos impuros. Reagir, mesmo, na maior parte das vezes eu não reajo, mas sou consumida pelos sentimentos menos nobres da face da Terra.

Não quero mais permitir que alguém pisoteie minha cabeça e meu coração pelo simples fato de eu ser uma songamonga. Não aceito mais ser atacada como se fosse o World Trade Center, porque, na prática, não faço bosta nenhuma pra magoar ninguém.

Pelo menos, não intencionalmente. Então, decidi que quero ser Buda. Não quero sentir mágoa, raiva nem tristeza. Não quero mais enxergar vermelho, nem imaginar que estou torturando as pessoas. Não quero mais "vibrar negativamente". Quero receber a iluminação dos mestres que não se deixam atingir pela tempestade.

Comecei a devorar livros do tipo *Visualização criativa*, *Como transformar sua vida em 30 dias através do seu pensamento*, *Os 10 passos para mudar o seu campo enérgico*, *Desperte o Deus que existe em você*, e por aí vai. Lobsang Rampa virou meu melhor amigo. Agora, serei rica, phyna, linda, bem-sucedida, feliz, realizada, amada e magra. E vou repetir isso 568.982.137 vezes por dia na frente do espelho, até a língua dar câimbra. Vou caminhar na rua fazendo as luzes dos postes explodirem, tipo em *Carrie, a estranha*, de tão iluminada que resolvi ser. Não vou mais sentir fome, solidão ou carência. Serei o ser perfeito que Deus criou em toda sua plenitude.

Ommm... Não tenho mais vontade de arrancar os cabelos do saco alheio com a pinça. As palavras grosseiras não me afetam mais, nem as atitudes egocêntricas. Também não desejo mais que "aquelazinha" engorde quinhentos quilos, ou que fique tão pobre a ponto de não ter dinheiro nem pra depilar a pererereca. A inveja e a estupidez não me atingem mais, e quanto mais cocô tentarem jogar aqui, no nível em que me encontro, mais merda vai voltar na cara alheia. Porque eu sou uma nuvem. Eu sou um espírito superior. Amém.

BLOG | Junho de 2013

QUANDO A BEBIDA ENTRA, A DIGNIDADE SAI...

Eu sempre adorei sair, e amo viajar. Mas eu nunca viajo, e se saio meia dúzia de vezes por ano, é muito. Desde que as meninas nasceram, assumi 100% a função de mãe. Como nunca tive muita sorte com babá, desisti de contar com a ajuda delas há anos.

Resultado: muito à contragosto, praticamente virei uma ermitá de cajado e barba branca. "Praticamente" porque, graças à intensa programação infantil, ainda me resta um resquício de contato com a humanidade. Mas qualquer programa, seja velório ou inauguração de açougue, se tiver uma concentração de adultos superior à de crianças, já se torna um megaevento social.

Semana passada, eu saí da toca. Fui convidada para o aniversário de um amigo de infância e ia rever gente que não encontrava desde a adolescência. Fiz uma "faxina visual" e fui para a festinha numa alegria de dar dó, principalmente porque não tinha de me preocupar com volante, nem com a bendita lei seca. Perfeito! Eu não estava só alegre e saltitante: estava em polvorosa porque ia botar a fuça numa direção diferente do circuito casa-escola-trabalho. Parecia que eu tinha tomado Prozac na veia – e é na euforia que mora o perigo.

Eu empolgo tanto nas minhas parcas saídas que, depois de uma birita, se alguém botar lenha e sugerir ir para o Rio de Janeiro tomar café da manhã e voltar antes do almoço, eu topo. Depois de duas biritas, já fiz 567 melhores amigos de infância, e o balcão do bar corre sério risco de virar uma pista de dança. Depois da terceira birita, é melhor me tirar do recinto ou me trancar no banheiro, porque já vou estar no ponto de achar que o mundo acaba amanhã.

Pois é... Nesse aniversário, eu tomei mais de três biritas. Eu adoro uísque, mas nesse dia, estava de estômago vazio e com muita fome de vida. Uma mistura explosiva, porque a bebida entra e a dignidade sai. O cenário não foi dos mais animadores. Na verdade, acredito que tenha sido beeem divertido pros outros. Pra mim, também... Pelo menos até eu me estabacar daquele salto i-m-e-n-s-o que, sóbria, tive a insensatez de escolher. Resgatando meus lapsos de memória, acho que quem me ajudou a levantar da primeira vez foi um amigo que eu não via há vinte e seis anos (e que, depois dessa, vou ter vergonha de rever pelos próximos vinte e seis).

Peço desculpas aos donos da casa, principalmente à digníssima esposa do meu amigo, por ter feito "fom-fom" na bunda dela a noite inteira. Quanto ao "Juca" que chamei no jardim, sem comentários.

Só lamento... E, como *mea culpa*, ofereço minha residência inteira para a revanche. Podem vomitar até no meu travesseiro que serão perdoados. Podem até mesmo peidar na frente de um isqueiro pra botar fogo nas plantas. Vou aceitar calada.

Na volta pra casa, como ato final de uma insanidade alcóolica, me lembro vagamente de arrancar a roupa no carro, num *striptease* insano, alegando quentura debaixo de um frio glacial. Acordei no dia seguinte morrendo de ressaca – física e moral –, e fui enfrentar uma maratona de oito horas de festa junina na escola das meninas.

Como assombração sabe para quem aparece, encontrei, logo de cara, na primeira barraquinha, um casal que havia participado da memorável festinha da noite anterior. Eu os conheci durante meus desvarios, e a mulher, muito fina, fingiu não se lembrar de nada. O marido, por outro lado, não perdeu a chance de me oferecer um uisquezinho pra rebater. "Vamos deixar pra próxima", respondi. Quem sabe aos 41 eu não aprenda a me comportar como uma lady e pare de dar vexame como uma adolescente ensandecida? Até lá, melhor pegar meu cajado e voltar pra minha toca. Vou precisar de muita meditação pra reencontrar minha dignidade, e vou torcer muitooooo pra ninguém postar nenhum vídeo infame no maldito "iutubi".

BLOG | Setembro de 2013
REFLEXÕES SOBRE O CASAMENTO

Não nasci pra ficar sozinha. Vim ao mundo com o "modo acasalável" ativado. Até me aturo muito bem na solidão, mas eu gosto mesmo é de compartilhar a vida. Quer coisa melhor do que ter alguém cativo só pra você espezinhar? Meu vizinho de travesseiro ronca igual um Tiranossauro Rex. Eu, muitas vezes, perco o sono por causa disso. Já tentei fazer macumba, já tentei cutucar, já tentei rolar pro lado, mas só tem uma coisa que funciona: encostar meus lindos pezinhos glaciais na buzanfá desse ser humano que eu chamo de marido. Quase perco os dentes, mas funciona que é uma beleza.

Peculiaridades da vida em família me encantam. Adoro ver as meninas sofrendo com o cheiro do pum do pai debaixo das cobertas. Adoro enfiar o garfo mal educadamente no prato do outro. Adoro ameaçar passar meleca nas meninas se elas não forem pra cama. Adoro ter pra quem ligar no final do dia. Adoro a sensação de que construí uma família. Isso me deixa deveras feliz. Não sou perfeita, mas... sou quase isso :)

Só tenho um grande defeito: meu temperamento. Quando acho que tenho razão, pode vir o Buda em pessoa tentar me convencer do contrário, mas nada no mundo me faz mudar de ideia. Isso é um pouco complicado quando se vive com um ogro que nasceu sem estopim, porque odeio brigar. É uma coisa que me tira as forças. Então, em nome da paz, vou engolindo, engolindo, engolindo, até chegar na TPM. Aí, fudeu.

Dizem que os casais vão pegando as manias ruins um do outro. Por exemplo: tem marido que fica de TPM junto com a mulher. Tem uns que até antecipam uns dois dias pra ficar na vantagem. Pra mim, é um mistério insolúvel, quase sobrenatural, como o fulano consegue detectar a tormenta. E vou te dizer: ninguém no mundo merece um marido de TPM. Ser insuportável por uma semana deveria ser um direito exclusivamente feminino. Coloque dois insuportáveis debaixo do mesmo teto e terá praticamente a Terceira Guerra Mundial.

Tá rindo? Pois isso pode dar morte! Se testosterona em ebulição já é uma bosta, macho de TPM é quase um evento cataclísmico. O cara reclama que não tem meia na gaveta, que a empregada não lavou os jeans à mão, que você é uma péssima dona de casa porque comprou manteiga da marca X ao invés da Y, que você gasta muito no supermercado porque as crianças estão comendo demais, que o cachorro latiu ao invés de miar. Não tem periquita que amansa o bicho. Ainda mais periquita hemorrágica. Só mudando de planeta ou virando autista.

Essa é a parte ruim do casamento: não ter pra onde correr. Com a intimidade, a pessoa se torna tão próxima que é praticamente impossível enxergar os detalhes. Pra quem não é casado, tem um jeito muito simples de entender isso. Pegue qualquer coisa que esteja ao redor e coloque bem na sua fuça. No meu caso, tem uma embalagem de chiclete de menta. Ao grudá-la no meu nariz, não consigo ler nem as letras garrafais – só sei que o rótulo é verde com algumas coisas borradas em branco, preto e vermelho. Tem hora que casamento é assim. Se você não der uma distanciada, esquece que a embalagem é bonita, que o cheiro é bom, que tem gostinho de quero mais. Esquece até o que despertou sua curiosidade de querer experimentar. Nessas horas, espere os hormônios se acalmarem, conte até um zilhão e fuja pro estoque de chocolate mais próximo. Compre três barras, cinco brigadeiros, nove *cupcakes*, uma torta Floresta Negra e, pra não exagerar no açúcar, um refri *diet* e um *frozen yogurt*, que tem menos calorias. E o mais importante: não divida com ele! Nessas horas, vingança é tudo. Ele que se vire com a própria TPM pra lá. Garanto que funciona e que você vai se sentir melhor.

Tantas calorias podem até te deixar gorda, mas também vão te deixar mais doce. Podem até salvar seu casamento, que é uma merda – mas, às vezes, uma merda necessária.

CAPÍTULO 19

OS ÚLTIMOS sessenta dias de 2013 foram decisivos na minha vida, e uma série de acontecimentos me marcou profundamente.

Na segunda quinzena de outubro, o nível de ofensas e ameaças já era tão absurdo que eu finalmente compreendi que aquilo não iria mudar. O medo havia se tornado rotineiro. Se eu piscasse diferente, ele me confrontava, me mandava calar a boca, quebrava objetos ou usava da força física para me manter sob coação. O motivo era sempre o mesmo: eu o havia humilhado com a minha "traição". Era uma ladainha recorrente.

Certa vez, enquanto eu tentava fazer as meninas dormirem, ele chegou em casa agitado, batendo a porta com força. A tensão me invadiu imediatamente, e eu e as meninas podíamos sentir a eletricidade no ar antes de a tempestade desabar.

O barulho continuou na cozinha. Tudo era aberto, fechado e jogado com raiva – copos, pratos, portas, armários, geladeira. Fingimos estar dormindo. Ele foi até o quarto, entrou e acendeu a luz. Pedi para que apagasse e fizesse silêncio. Então, ele se debruçou sobre mim, e com o dedo em riste no meu nariz, espumando de ódio, me xingou de puta, vadia e outros impropérios na frente das nossas filhas.

Nossa casa tinha virado um lugar instável e insalubre. Eu vivia em pânico, prendendo o fôlego, pisando em ovos. Mas o comportamento do meu marido não afetava mais só a mim – as meninas também sofriam. Cloé fazia xixi na cama todas as noites, e desenvolveu uma urticária que cobria seu corpinho de manchas vermelhas. Ava estava se tornando uma criança solitária e fechada na escola. O fato é que ele não aceitava, nem nunca iria aceitar, que eu tivesse me relacionado com outra pessoa durante nossa breve separação. Completamente paranoico, inventava um monte de amantes imaginários, sempre me acusando de esconder alguma coisa. Então, eu era interrogada o tempo todo: "Com quantos caras você saiu? Quantas vezes? Onde foram? Como foi o sexo? Você gozou?". Quando não era sobre isso, era sobre as mulheres com quem ele havia saído, que, como adorava esfregar na minha cara, eram "muito mais gostosas" do que eu. Porque ele até podia ser corno, mas eu era um lixo. Um verme. Uma vagabunda. Uma desgraçada. Enquanto esbravejava que eu morreria velha e sozinha, então, ameaçava voltar para a amante gostosona de 18 anos ou pra quem bem entendesse, já que qualquer mulher era melhor do que eu.

Nessa época, os abusos eram constantes. Num curto período de tempo, ele esfregou uma bandeja de presunto na minha cara, estilhaçou um frasco de vidro na parede durante uma briga e quebrou a gaveta do armário porque não havia meias limpas. Ele sempre me ameaçava dizendo que nunca havia me batido de verdade, mas que, quando o fizesse, não sobraria um dente na minha boca. Também dizia que, se ele mandava, eu devia obedecer. Continuaria fazendo o que bem entendesse, e ai de mim se me rebelasse. Aparentemente, a luz no fim do túnel era tão real quanto uma fada purpurinada.

Eu estava farta daquela merda. Cansada de tentar acreditar que as coisas mudariam um dia. Àquela altura do campeonato, casamento para mim já era uma coisa tão decadente e em extinção como o asno-selvagem-africano, a foca-monge-do-havaí ou o tigre-de-bengala. Minhas filhas nunca iriam às minhas Bodas de Prata? Por mim, tudo bem. Era hora de admitir que meu sonho de casamento não passava de uma ilusão. Então, aceitei de bom grado o milésimo pedido de divórcio. Ele que fosse embora, e quanto mais rápido, melhor. Eu tinha transbordado. Botei lindamente meu nome no documento da separação de corpos no dia 26 de outubro de 2013, finalmente assumindo que qualquer coisa era melhor do que aquele inferno tóxico

·

Minha mãe tinha apenas um irmão, que sempre foi uma figura muito importante na minha vida. Poucos dias depois de oficializar meu divórcio, recebi a notícia de que ele havia falecido. Aquilo me pegou totalmente de surpresa. Não estava doente, e ainda não tinha nem 70 anos. Eu estava na rua, e precisei estacionar o carro para que o choque desse lugar às lágrimas. Foi devastador.

Uma semana após o enterro, ainda sob efeito do luto, minha mãe caiu em casa e se machucou muito. O coágulo que se formou bloqueou a circulação do sangue pelas artérias, acarretando uma embolia pulmonar gravíssima. Naquele dia 7 de novembro de 2013, após um atendimento mal conduzido no hospital ortopédico, coloquei minha mãe quase morrendo no carro e parti para o pronto-socorro. Estava quase sem pulso quando demos entrada, mas, como que por um milagre, conseguiram ressuscitá-la com adrenalina. Começava ali uma longa e complicada internação na UTI.

A situação não era nada boa. Naquela mesma noite, eu e minha irmã precisamos assinar um termo de responsabilidade autorizando a aplicação de um medicamento que poderia salvar ou matar minha mãe. Aquilo foi demais para mim. Desamparada, eu rastejava pelos longos corredores do hospital sentindo o peso da dor sobre os ombros. Na cabeça, um mar de dúvidas e medo em relação ao futuro. O que seria da minha vida se eu perdesse minha mãe, meu porto seguro?

Quando cheguei em casa, desabei. O sentimento de desamparo era tão grande que acabei ligando para o então ex-marido. Ele ainda não havia saído de casa, e deixando nossas diferenças de lado, implorei para que ao menos naquela noite ele chegasse mais cedo e me desse um pouco de colo. Nem assim. Às 2h da madrugada, ele não havia chegado ainda. Liguei de novo, e quando atendeu, ouvi uma música alta ao fundo, além de risadas e uma voz feminina: "Chama ela pra vir também!".

Naquele momento, a chavinha terminou de virar. Percebi que não queria que minhas filhas crescessem achando que aquilo era um relacionamento normal. Minha mãe, que ele tanto odiava, e de quem acabei me afastando para poupá-la das brigas, não iria viver para sempre. Eu não era um lixo imprestável. Meu peso não me definia. Não estava "velha demais" para recomeçar, e, ainda que ninguém me quisesse, como ele sempre fazia questão de frisar, eu preferia viver sozinha a passar o resto dos meus dias daquele jeito.

Sentada ali, ainda com o telefone na mão, vi meus castelos de fumaça se desfazerem. Eu havia voltado a enxergar, e prometi a mim mesma que, quando minha mãe saísse daquele hospital, eu também sairia daquele casamento pavoroso sem olhar para trás.

No início de dezembro, ele conseguiu me ludibriar outra vez. Por volta das 8h da noite, alegando que precisava urgentemente de um arquivo que eu havia criado para ele, me fez entrar no carro e se dirigiu ao meu escritório. Chegando lá, me mandou ligar o computador e, ameaçando jogá-lo do décimo quarto andar, exigiu as senhas de tudo – e-mails e redes sociais. Então, por horas, fuçou e deletou tudo que se referia a ele. Sempre tive muito mais facilidade de escrever do que de falar, então, toda a minha comunicação era por cartas. Cartas não gritam nem batem portas. Não bastassem os e-mails, ele também apagou todo e qualquer vestígio de documentos no Word. Me senti sequestrada, impotente e com muita raiva naquela sala de 30m².

Dia 11 de dezembro de 2013 eu postei o último texto do ano no blog. Após tantos anos de abuso, naquele mês daquele ano interminável, finalmente usei a chave para abrir a porta proibida, como no conto do Barba Azul.[1] Era impossível não mais enxergar "os ossos e o sangue". O que eu sei é que a intuição despertou e me disse para fugir. Uma semana depois, quarenta dias após a entrada da minha mãe no hospital, ela teve alta e eu cumpri minha promessa. Meu marido saiu de casa poucos dias antes do Natal, e eu saí do casamento pela última vez. Mas mal sabia eu que a história de horror estava só começando. Ele não era um homem que aceitava perder. ■

BLOG | Dezembro de 2013

↘ **SE F$&@*!, CAIR E LEVANTAR**

Um tapa na cara seria mais bem-vindo do que a constatação de que vivi boa parte da minha vida adulta, se não toda ela, perseguindo um sonho. Eu criei e alimentei a farsa, dei a ela uma máscara bonita, batizei de destino e, com uma teimosia que beirou a burrice, deixei essa ilusão me governar a ponto de não mais enxergar alternativas.

Eu, por anos, estive fadada a morrer de amor. Não sei quem mato primeiro: o romantismo ou a ingenuidade, que me puseram de quatro implorando por migalhas. Por causa deles, passei por cima da realidade, construí castelos de areia, fiquei surda para os bons conselhos, ignorei a prudência e pintei a mentira de cor-de-rosa. Foca no erro, tampa o sol com a peneira, continua carregando a água na bandeja, segura na mão do nada e vai, vaaai minha filha. Vai e se estrepa com força.

Aquela música do "bebum" tinha de ser adaptada pra minha pessoa: se ferrar, cair e levantar. Agora, repita esse refrão um milhão de vezes e terá um resumo da minha história. Porque até então, pra mim, um erro tinha de ser vivido e revivido inúmeras vezes só pra eu ter certeza de que estava mesmo errando. Tem gente que chama isso de esperança. Essa também acaba de entrar pra minha lista negra, juntamente com o romantismo e a ingenuidade! Ahhh, e os otimistas de plantão, que adoram filosofias baratas do tipo "aposte nos seus sonhos e corra atrás deles até as últimas consequências", também recebem hoje a minha homenagem: vão se f$&*@!

Pois hoje enterro meus sonhos por pura questão de sobrevivência. Meus sonhos quase me destruíram. Estou vivendo um momento de "funeral onírico". "Luto" por mim mesma com duplos, triplos e múltiplos sentidos. Meus pés estão enterrados na lama, e com uma âncora pesada, para que eu nunca mais flutue por nada ou ninguém. Não sou mais a bosta de um balão a gás pra me deixar levar. Daqui pra frente, estou num compromisso sério comigo mesma. Me dedico toda a honra e toda a glória. Até que a vida me resgate. Amém!

📝 NOTA DA AUTORA:

1. Barba Azul* é o personagem principal de um famoso conto de Charles Perrault, publicado originalmente sob o título de "La Barbe-Bleue" no livro *Les Contes de ma Mère l'Oye* [Contos da Mamãe Gansa], de 1697.

---

* Texto completo disponível em: PERRAULT, Charles. *et al. As mais belas histórias*. Vol. 1. Belo Horizonte: Autêntica, 2016.

A história fala sobre um homem muito rico e poderoso, que tinha uma estranha barba azul. Sua aparência causava repulsa em todos a sua volta. Mesmo assim, Barba Azul já havia se casado no passado, embora ninguém soubesse que destino tiveram suas esposas.

Determinado a se casar novamente, ele encontra uma família com duas filhas belíssimas e pede aos pais que lhe concedam a mão de uma delas em casamento. Mas a fama de Barba Azul o precedia, e eles não aprovam a união.

Para conquistá-los, o homem oferece levar família e amigos em um passeio pela cidade, por sua conta. Todos se divertem tanto com as gentilezas e presentes que acabam gostando de Barba Azul, em especial a filha caçula, que passa a vê-lo com outros olhos. Os dois iniciam um relacionamento e se casam pouco tempo depois, indo viver no castelo de Barba Azul.

Após alguns meses juntos, o marido precisa viajar a negócios. Ele diz à esposa que, durante sua ausência, ela está livre para receber familiares e amigos, mas com uma condição: não pode, em hipótese alguma, descer ao porão. As chaves da casa estariam em seu gabinete. Se ela usasse a do porão, se abrisse mesmo que uma pequena fresta, ele saberia, e nada poderia protegê-la de sua ira.

A mulher promete obedecer, mas, passado algum tempo, não resiste à curiosidade e desce correndo as escadas, ansiosa para descobrir o motivo de tanto mistério. Ela entra no cômodo escuro e demora e enxergar o que há ali. Quando seus olhos finalmente se acostumam, o pavor a invade: o chão está manchado de sangue, e há pilhas de ossos espalhadas por todo o cômodo. Eram as antigas esposas de Barba Azul.

Em pânico, a mulher tranca a porta novamente e corre para guardar as chaves. Ao devolvê-las ao gabinete, porém, algo macabro acontece: a pequena chave do porão começa a sangrar. Ela tenta limpá-la de todas as formas, mas nada é capaz de remover o sangue.

Quando Barba Azul retorna, a esposa faz de tudo para parecer feliz em sua presença, mas ele percebe que há algo errado com a chave do porão. Vendo a fúria invadi-lo, ela implora por perdão, mas é ignorada. Ele iria matá-la.

A mulher corre e consegue escapar para a torre mais alta do castelo, de onde vê seus irmãos chegando a cavalo. Quando Barba Azul está prestes a matá-la, eles conseguem impedi-lo, acertando-o com um golpe fatal e deixando seus restos para serem devorados pelos abutres.

Os simbolismos e arquétipos desse conto foram ricamente explorados no livro *Mulheres que correm com os lobos* (1992), de Clarissa Pinkola Estés. À primeira leitura, entendemos a clara analogia à questão do relacionamento abusivo: a protagonista, uma mocinha ingênua, é iludida por um homem sinistro e misterioso, sendo convencida, por si mesma, de que ele é um homem bom que poderá lhe dar a vida que sempre sonhou. Ao se casar, porém, ela é testada até o limite, e quando finalmente descumpre as regras, precisa reunir forças para escapar do seu predador e da morte.

Só quem já viveu um relacionamento tóxico sabe o soco no estômago que essa história provoca. O curioso, porém, é que a figura do Barba Azul também representa uma força obscura que habita em nós. Quantas vezes nos deixamos levar por algo ou alguém simplesmente por estarmos vulneráveis? Quantas vezes fomos ingênuas o bastante para aceitar uma situação porque, naquele momento, desejamos algo ou alguém? Quantas vezes, por falta de experiência, nos colocamos em enrascadas ao perseguir ideais que não correspondem à realidade? Quantas vezes entramos em relacionamentos fadados a acabar mal? Quantas vezes agimos contra a nossa vontade porque é o mais aceitável socialmente?

Como a mocinha do conto, somos facilmente seduzidas por promessas de felicidade. E, enquanto dura a ilusão, enxergamos somente o que queremos ver. Ignoramos o que causa desconforto, escolhendo, muitas vezes, viver uma mentira para não admitir que somos vítimas de nossos predadores internos. Faz parte da essência humana.

Quando a protagonista se depara com a morte, no entanto, ela não consegue mais fingir, finalmente desvencilhando-se das ilusões em direção à liberdade. O que a autora nos mostra com isso é que, quando tomamos coragem para combater essa ingenuidade destrutiva, emergimos mais sábias, amparadas pelo animus, nome dado à energia masculina que também compõe a psique feminina.

Na história de Estés, nossa relação com tais forças destrutivas é representada pela figura do abutre: assim como a ave e sua presa, aproveitamos o que há de útil na dor e descartamos o que não nos acrescenta. A autora ainda vai além ao mostrar como a natureza assassina do predador pode ser usada para eliminar aquilo que não devemos manter em nossas vidas, dando lugar a experiências realmente positivas. É como se o abutre se tornasse uma fênix, renascendo e reinventando-se a partir das cinzas. Terceirizar o papel do vilão é simples, até natural. Mas é quando entendemos que ele só existe porque assim permitimos que nos tornamos capazes de assumir o controle de nossas vidas. Como fazemos isso? Ouvindo nossa intuição, admitindo quando algo está errado, buscando o autoconhecimento e tendo humildade para entender que pedir ajuda é, também, um ato de extrema coragem.

A cada vez que eu abaixava a cabeça permissivamente, também sufocava mais um tanto da minha dignidade. *Meu perdão era permissivo*, um passe livre para que ele vivesse sem pensar em mais ninguém.

CAPÍTULO 20

2013 DEMOROU uma eternidade para acabar. Eu continuava em queda livre, me desdobrando em milhares de tarefas e acordando todos os dias já exausta. E, quanto mais exausta, mais sarcástica. Nessa época, eu estava tão ácida que poderia ser classificada na escala de pH. A vida é engraçada. Ela parece olhar para o fiofó de algumas pessoas e pensar "Opa, vem cá, sua ordinária!".

 Facebook
12 de dezembro de 2013

Eu sempre dirijo até o escritório fazendo uma lista mental quilométrica das coisas que preciso fazer quando chegar. Aí, quando finalmente chego, me dá um branco. Esse pequeno "distúrbio" mental deve explicar por que peguei um copo d'água pra dar remédio pro meu cachorro hoje de manhã.

 Facebook
14 de dezembro de 2013

Nasci careca, banguela e pelada. Hoje, tenho cabelo loiro, dentes perfeitos e roupas estranhas, mas não sou quadrada e tenho meu trabalho. Tô no lucro. Daqui pra frente, eu me viro. Aqui não tem coré coré, não.

 Facebook
16 de dezembro de 2013

Segurando um desenho original assinado por Picasso. Faniquito é pouco neste momento. Nunca mais vou lavar as mãos.

Em meados de dezembro, um ex-namorado de adolescência da minha irmã procurou a Pin Up Convites para criar o convite de inauguração do seu novo apartamento no Rio de Janeiro. Na lista de convidados, só a elite dos ricos e famosos. Era uma excelente oportunidade para divulgar meu trabalho: em cada envelope, iria um desenho original de Picasso, assinado e numerado, que ele havia arrematado em um leilão.

Quando recebi o desenho para elaborar o trabalho, quase caí pra trás. Era uma obra de arte. Com a devida autorização, levei o desenho até a gráfica para produzir um protótipo de aprovação. Hoje, penso que eu devia estar amaldiçoada, pois, enquanto discutíamos ideias para o convite, fomos atingidos por uma ventania que soprou o desenho no ar. O chefe de produção, então, numa atitude instintiva, bateu a mão no Picasso para evitar que voasse para longe. Mas o papel, antigo e frágil, rasgou na hora.

Naquele mísero segundo, eu realmente quis morrer. Minha pressão foi no pé, e tal qual o relógio derretido de Dalí, escorreguei na cadeira, desejando muito ser um avestruz para enfiar a cabeça na terra, ou ser abduzida por uma nave espacial para nunca mais voltar ali. Em vez disso, respirei fundo, reuni o restinho de força que eu nem sabia que tinha e liguei para o cliente, relatando a tragédia aos prantos. O convite, é claro, seria por conta da casa, e mesmo sem um puto no bolso, me disponibilizei a arcar com os custos bilionários daquela restauração. Para a minha surpresa, ele foi supergentil e disse que não precisava, pois havia arrecadado uma caixa com vários outros desenhos no leilão. Não cobramos os custos gráficos e de criação, e acabou dando tudo certo. Mesmo assim, só de lembrar desse episódio, quase tenho um piriri gangorra.

 Facebook
18 de dezembro de 2013
Dia, seja generoso comigo, mas dispenso emoções fortes como as de ontem.

•

Os documentos da separação estavam assinados desde o final de outubro daquele ano. Mesmo assim, meu ex se recusava a sair da casa. A situação podia ser cômoda para ele, mas definitivamente não era para mim. Então, decidi que eu mesma tomaria as providências.

No dia 19 de dezembro, esvaziei os armários, juntei todos os pertences dele em malas e liguei para avisar que, se ele não buscasse as coisas naquele mesmo dia, deixaria na calçada para quem quisesse levar. Ele chegou só à noite, embriagado e querendo sexo. Era a segunda vez que eu sentia nojo só de imaginar a cena. O tesão havia acabado, sendo substituído por repulsa. Com o ego ferido, ele saiu de casa no dia seguinte.

Facebook
23 de dezembro de 2013

Melhor correr atrás das coisas que eu quero, porque, numa dessas, vai que Papai Noel não existe.

Facebook
24 de dezembro de 2013

2013 foi um ano podre de difícil. Minha mãe quase morreu, mas Deus viu que eu precisava demais dela e a devolveu, operando mais um de seus milagres. Meu tio querido também se foi, mas ele, infelizmente, Deus não quis devolver, porque seria uma companhia sensacional lá no céu. Eu me separei após quase vinte anos de casada e estou me reconstruindo em todos os sentidos. Tive que lidar com maldade de gente ruim, sofri com as dores alheias e enfrentei meus próprios demônios, mas também fui agraciada com alguns anjos no meu caminho.
Por isso, hoje desejo a mim, e a todo mundo que eu adoro, não apenas uma noite feliz, mas felicidade exalando pelos poros todos os dias, a cada minuto. Porque é isso que faz a gente seguir em frente: a perspectiva de que coisas boas nos esperam na próxima esquina. Feliz tudo para cada um de vocês!

Facebook
26 de dezembro de 2013

Hoje eu já marquei com o eletricista pra trocar a lâmpada da cozinha, que tá queimada há seis meses; com o vidraceiro pra trocar dois vidros quebrados; com o encanador pra desentupir a calha do telhado; com o faz-tudo pra localizar a goteira da sala, pregar meus quadros e consertar o varal. Ainda preciso de alguém pra consertar meu freezer e minha secadora e pra fazer a manutenção do meu carro, além de providenciar escada e reator. Ah, quase me esqueço... Também preciso ir na loja comprar uma cueca!

No dia 28 de dezembro, meu ex começou a infernizar minha vida. Me provocava dizendo que eu era uma mulher velha com cabeça de adolescente, mas que agora ia poder curtir com meus "vários amantes". Ao mesmo tempo, ameaçava pedir guarda compartilhada das meninas. Parecia que eu nunca ia me livrar daquele inferno.

Facebook
28 de dezembro de 2013
O uso do martelo é extremamente terapêutico! Eu recomendo.

No dia 29 de dezembro, ele saiu com as meninas, desligou o telefone e as trouxe de volta quase meia-noite, ultrapassando em muito o horário combinado. Eu já havia ligado para toda a família dele e estava quase arrancando os cabelos pela falta de notícias.

Facebook
31 de dezembro de 2013
Longe de quem grita demais, reclama demais, finge demais, fala demais, pede demais, se ausenta demais, se desculpa demais, exige demais, ilude demais, acusa demais, espera coisas demais... e ama de menos!

Tudo o que eu queria naquele Réveillon era ficar sozinha. Nada de festa ou agitação – eu estava exausta, e precisava mesmo era de paz. Então, levei as meninas mais cedo para a casa da avó, onde passariam a virada na companhia do pai, e fui fazer meu ritual de limpeza e purificação. Passei o último dia do ano faxinando a casa e arrumando os armários. Em seguida, tomei um banho de imersão com ervas e sal grosso. Às 23h30, abri todas as janelas da casa e coloquei uma música cheia de significado para tocar. Faltando cinco minutos para a virada, eu estava literalmente colocando o lixo para fora. Sugestivo, não? Então, tirei a roupa, fui para o jardim e, completamente nua, abri os braços, deixando toda aquela energia de renovação fluir pelo meu corpo. Vem gostoso, 2014! ■

CAPÍTULO 21

APÓS O TURBILHÃO de acontecimentos que se sucedeu em 2013, decidi que eu e as meninas precisávamos começar 2014 com o pé direito. Ansiava por um lugar tranquilo para descansar a cabeça e por água salgada para lavar o corpo e a alma. Então, fomos passar as férias de janeiro na Bahia, na casa do meu pai.

A casa ficava em um condomínio tranquilo em Lauro de Freitas, com poucos turistas. Quando a maré está baixa, piscinas de água quente cheias de peixinhos se formam na areia. Seguindo um pouco mais na orla, um rio desemboca no mar. Um verdadeiro paraíso! Até hoje, é lá que eu vou para recarregar as energias e me reconectar comigo.

Aquele verão foi tudo o que eu precisava. Passei duas semanas ardendo no sol, rolando na areia até ficar parecendo uma coxinha empanada, lendo um livro novo a cada dois dias, tomando todo o sorvete que conseguia aguentar, descansando na rede e dormindo cedo.

Mas tudo que é bom tem um fim, e chegou o dia de voltar para casa. Embarcamos cedo em Lauro de Freitas, e era quase hora do almoço quando o avião se aproximou do Aeroporto de Confins, cerca de cinquenta quilômetros de Belo Horizonte. Nos arredores da pista de pouso, não há prédios ou avenidas, apenas uma infinidade de verde e, de vez em quando, algumas vacas pastando. Quem viaja na janela é sempre contemplado com um mar de montanhas, uma paisagem linda que sempre me deixa feliz por voltar.

Eu estava pronta para começar o ano, animada com as promessas de uma vida novinha em folha. Aproveitando que era domingo, deixei as meninas matarem as saudades da avó e fui em busca de alguém para me acompanhar num chopinho à tarde. Três amigas toparam: Vanusa, minha ex-concunhada, Paula, uma artista plástica divertidíssima, e Mirlene, esposa de um amigo do meu ex que havia me estendido a mão no período final da separação. Foi uma tarde divertida, cheia de risadas e uma leveza que há muito tempo eu não sentia. Era bom estar solteira de novo.

·

Quando chegou a segunda-feira, a realidade veio com tudo. A casa estava mais vazia: durante minha ausência, ele havia buscado o sofá da sala, as televisões e até o chuveiro, sob a justificativa de que não aceitaria que eu tomasse banho "com outro macho" na casa dele. Também levara as caixas com azulejos, cerâmicas e porcelanatos que havíamos guardado para o caso de um quebra-quebra de emergência – o que me faria uma falta absurda mais tarde.

A geladeira e a despensa estavam igualmente desertas, já que desde outubro ele não contribuía com o supermercado. Minha mãe, que há meses me ajudava financeiramente, não podia continuar assumindo tantos gastos sozinha. Não era justo. Então, fui pedir arrego para os meus ex-sogros.

Chegando à casa deles, expliquei a situação na esperança de que se oferecessem para ajudar com a alimentação das netas. Um sacolão já seria bem-vindo. Pedi também que conversassem com o filho para tentar resolver o problema, já que ele não me dava ouvidos. Eu só pensava no bem-estar das meninas. Mesmo assim, recebi um não como resposta. Não queriam se meter na "briga do casal". Honestamente, nem sei por que esperei alguma ajuda vinda dali. Saí de lá e fiz as compras com a minha mãe, como vinha fazendo desde setembro do ano anterior. À tarde, fui trabalhar. Nessa época, eu já não tinha mais como arcar com uma secretária no escritório, e ele já havia demitido a funcionária que me ajudava em casa em outubro. Logo, além de cuidar das nossas filhas em tempo integral, eu fazia todo o serviço doméstico sozinha. Chegando ao escritório, paguei algumas contas atrasadas, pus a agenda em dia, conversei com os clientes e comecei a ler os e-mails que se acumulavam na caixa de entrada. Um deles era do amigo do meu *personal*. Sorri de orelha a orelha.

No meio de tanto estresse, seria ótimo encontrar alguém para conversar, arejar a cabeça e fugir daquela espiral de problemas na qual eu havia me metido. Combinamos no meu escritório mesmo, e, no horário marcado, a campainha tocou. Quando abri a porta, dei de cara com um ele, alto, cheiroso, com um sorriso cheio de malícia, testosterona e amor pra dar. O beijo, que já começou na porta, virou uma trepada cinematográfica entre o computador e os papéis. Foi uma beleza tirar as teias de aranha.

Por volta das 19h, voltei para casa. O portão da garagem estava estragado há anos, e por isso eu sempre parava o carro na rua. Ao estacionar, porém, outro veículo me fechou bruscamente. Era o meu ex.

Tudo aconteceu muito rápido: ele abriu minha porta de uma vez, arrancou a bolsa da minha mão, pegou meu celular e foi embora na mesma velocidade com que havia aparecido. Na época de casados, ele exigia todas as minhas senhas, mas não pensei em mudá-las após a separação – afinal, ele não morava mais na casa e já não tinha acesso aos aparelhos. Quando me dei conta de que ele queria me investigar, porém, voltei correndo ao escritório e, do meu computador, mudei a senha de todas as redes sociais, além de alertar, num post público, sobre a possibilidade de ele se passar por mim. Medidas de precaução tomadas, fui para a Delegacia de Defesa da Mulher dar queixa. Pela manhã, já em casa, vi que ele havia deixado o celular na caixa de correios durante a madrugada.

•

As mensagens intimidadoras começaram a chegar assim que carreguei o aparelho: ele me acusava de tê-lo traído durante todo o casamento, alegando ter provas e ameaçando me expor publicamente no momento oportuno. Disse também que tinha nojo de mim e que, se eu e as meninas quiséssemos comer de novo dali para a frente, devia pedir para o meu "amante de anos" bancar, pois ele não contribuiria com nem mais um tostão. Mas o que fez meu sangue gelar foi a menção a um *software* de monitoramento remoto que não deixava rastros. Então, a ficha caiu. Aproveitando-se da minha ausência nas férias, ele havia ido até a casa, feito uma cópia da chave do meu escritório e grampeado meu computador. Eu estava sendo filmada, invadida e espionada.

Os ataques começaram a ficar mais pesados quando ele admitiu ter gravado meu encontro íntimo do dia anterior, ameaçando jogar o vídeo na internet e enviá-lo para os meus pais. Nas palavras dele, queria que toda a minha família soubesse a puta que eu era, inclusive nossas filhas, então com 6 e 10 anos.

Nos dias seguintes, a situação se agravou muito, e em 17 de janeiro de 2014 decidi tomar novas providências. Imprimi cartazes com a foto dele e entreguei no prédio onde eu trabalhava, assim como nas guaritas do meu bairro, comunicando a todos os vigias que eu estava sendo ameaçada pelo meu ex-marido e que sua entrada não deveria mais ser permitida. À noite, fui à Delegacia de Defesa da Mulher e pedi para restituírem o processo da Lei Maria da Penha, que eu havia suspendido há mais de um ano. Depois, fui em busca de um técnico de informática para dar uma geral no meu celular e no computador, retirando qualquer programa-espião ou câmera oculta. Consegui alguém para fazer o trabalho no dia seguinte, um sábado, às 9h da manhã.

O técnico chegou ao meu escritório na hora marcada. Pouco tempo depois de iniciar os procedimentos, porém, meu celular voltou a apitar. As mensagens fizeram minha espinha gelar: "Amor, estou voltando pra casa hoje, onde você deixou minhas chaves?", "Eu sei que você está lendo isso", "É melhor atender". Meu corpo inteiro dava sinais de pânico: coração acelerado, mãos frias, respiração ofegante, enjoo e dor de barriga. Uma sensação de emergência que só quem fareja a morte sabe reconhecer. Queria fugir, mas não tinha para onde. Então, procurei pensar racionalmente, dizendo a mim mesma que aquilo não passava de ameaças. Era a incredulidade tentando amenizar o perigo.

Por volta das 10h30, o interfone tocou. Era o vigia, que, com tom de urgência, disse não ter conseguido impedir a entrada do meu ex, que já estava no elevador, a caminho da minha sala no décimo quarto andar. Meu coração, antes acelerado, parou nesse momento. Corri para o telefone e liguei para a polícia, torcendo para atenderem logo. Um toque. Dois. Três. ATENDE, ATENDE, ATENDE! "Alô? Meu ex disse que vai me matar. Tenho medida protetiva. Anota o endereço. Manda alguém agora, pelo amor de Deus!"

Foi a conta de gritar por socorro antes que a porta fosse arrombada no chute, como num filme de terror. Mil lascas de madeira voaram por todos os lados. Um barulho alto e seco ecoou pelos corredores do prédio comercial, às moscas devido ao fim de semana. Ao meu lado, assustado e já de pé, o técnico calculava a melhor rota de fuga. "Se não quiser que sobre pra você, some daqui agora", ameaçou meu ex. O homem obedeceu sem pensar duas vezes, me deixando ali sozinha, a mercê de um cara que, por quase vinte anos, se considerou meu dono.

Quando ele entrou na sala, percebi que carregava uma garrafa de plástico cheia até o topo com algum tipo de líquido, dura como um tijolo. As primeiras garrafadas atingiram minha cabeça enquanto eu tentava dizer que a polícia já tinha sido acionada. Caí no chão, zonza. Os socos e chutes vieram em seguida, quando eu já estava no chão, em posição fetal. Não me lembro se gritei, nem quanto tempo durou aquela pancadaria. Entre um pontapé e outro, *flashes* da sala sendo destruída. O telefone jogado no chão. As cadeiras reviradas. Meu trabalho sendo lançado contra as paredes. Mais pontapés. O ar escasso nos meus pulmões. Não sentia dor, mas um medo enorme de morrer e deixar minhas filhas sem mãe.

Naquela manhã, ninguém apareceu para me socorrer, nem o vigia e nem o técnico. Se mais alguém escutou os gritos do meu ex, que me ameaçava de morte a cada golpe, não sei dizer. O fato é que, no meio daquele acesso de fúria, ele se deu conta de que a polícia poderia chegar a qualquer minuto e fugiu, mas não sem antes me ameaçar mais uma vez: ele voltaria para me matar.

•

Ao meu redor, caos.

Por alguns segundos, tudo o que eu queria era continuar deitada no chão para sempre, olhando as partículas de poeira que flutuavam naquele raio de sol vindo da janela e pensando que eu deveria ter varrido a sala assim que voltei de viagem. Mas meu instinto de sobrevivência gritava, atrapalhando meu devaneio: "Ele disse que vai te matar! Levanta! Levanta daí!".

Medo, indignação, raiva e muitas coisas quebradas, incluindo a porta, arrombada no chute, que tombava torta para fora do batente. E tinha a dor. Dor na alma, porque o corpo, apesar de todo machucado, estava anestesiado pela adrenalina. Após anos de relacionamento, havia sobrado apenas uma certeza: "Essa é a última vez que esse filho da puta me encosta a mão. Minha vida começa agora".

Reunindo as poucas forças que haviam me restado, me levantei e liguei primeiro para o meu advogado, depois para a polícia. Por último, telefonei para a minha mãe e pedi que aguentasse as pontas com as meninas, pois eu demoraria para buscá-las. Então, finalmente desabei, caindo no choro.

Foi o dia mais longo da minha vida. Tive de aguardar a polícia para registrar o boletim de ocorrência e fazer a perícia criminal da sala, documentando os estragos materiais e o arrombamento. Os vídeos das câmeras de segurança, que posteriormente pedi ao síndico para apresentar à justiça, registraram o momento em que ele fugiu, pulando o mezanino que separava a portaria do prédio da rua – uma altura de quase três metros. Só tenho a agradecer à policial que me atendeu, que se ofereceu para testemunhar no meu caso. Depois, veio o advogado e alguém para consertar minha porta e mudar o segredo da fechadura.

Passei o resto daquele sábado sozinha numa delegacia no centro da cidade, esperando para entrar com mais um pedido de medida protetiva, o segundo em menos de 24 horas. A noite já tinha chegado quando, desolada, fui encaminhada para fazer o exame de corpo de delito no IML. Enquanto aguardava ser atendida, as luzes vermelhas de uma viatura iluminavam o corredor frio, feio e completamente vazio. Ali, naquele lugar cheio de mortos, também me sentia completamente sem vida. Estava desde cedo cumprindo aquela saga sozinha, precisando desesperadamente de um colo. Minha mãe estava me ajudando com as crianças e não podia estar lá, e não tive coragem de ligar para mais ninguém.

Enquanto eu tirava a roupa para mostrar os hematomas, que seriam documentados no laudo técnico, o médico explicou que agressores costumam golpear as vítimas na cabeça porque sabem que o cabelo dificulta a identificação dos machucados. Da mesma forma os ferimentos invisíveis, calcados na alma, não apareceriam naquele relatório.

Exausta, enfrentando tudo na marra, sem nada no estômago, com sede, fraca, dolorida, destruída, envergonhada por estar ali, com pavor dele aparecer, temendo pelo meu futuro e o das minhas filhas, me sentia um pontinho abandonado no universo, um vestígio de mulher. Acima de tudo, sentia muita raiva dele e daquela família que, mesmo me negando ajuda dias antes do ocorrido, teve a audácia de me pedir para não denunciá-lo, pois isso o prejudicaria no trabalho. Foi libertador mandar toda aquela gente para o inferno.

Aquele 18 de janeiro foi um dia horrível que marcou minha vida de forma profunda.

•

Após um dia inteiro de burocracia, finalmente fui liberada. Voltei para a casa da minha mãe, desesperada para encontrar minhas filhas.

Passava de meia-noite quando consegui entrar no chuveiro, desejando que a água quente lavasse todo aquele sofrimento. ■

📝 NOTA DA AUTORA:

Narcisistas são mentirosos patológicos que passam a vida se escondendo atrás de um personagem. Sua autoconfiança está intimamente ligada à capacidade de sabotar o outro, motivo pelo qual criticam tudo e todos com a maior naturalidade do mundo. Trata-se de uma estratégia de espelhamento: precisam constantemente encontrar defeitos no que está ao redor para não terem de olhar para dentro.

Em um estudo desenvolvido pela Universidade da Califórnia,[*] exames de ressonância magnética revelaram que o sentimento de rejeição ativa as mesmas redes cerebrais de quando sentimos dor física. Para pessoas narcisistas, que não suportam serem contrariadas, essa sensação é ainda mais intensa. Como resposta, perseguem, intimidam, ameaçam e agridem – essa é a maneira de um narcisista mostrar que, se dói nele, também tem que doer em você.

O medo da rejeição é uma consequência da insegurança: ao se sentirem desprezados, esses indivíduos precisam lidar com a ideia de que são insuficientes, contrariando a imagem de perfeição que projetam. Para disfarçar tais inseguranças, buscam admiração a todo custo, ostentando parceiros, dinheiro, influência ou poder.

Narcisistas são existências de puro caos. Paz, ordem e serenidade são conceitos estranhos para eles. Quando a máscara de um narcisista cai, ele não tem mais nada a perder. Os ataques de fúria que se sucedem costumam ser perigosos, já que, sentindo-se expostos e humilhados, farão de tudo para se manter no controle. Parasitas emocionais, os narcisistas se alimentam dos sentimentos que provocam no outro, incluindo o ódio. Para não serem esquecidos, então, não pensarão duas vezes antes de atacar.

---

[*] Disponível em: <https://bbc.in/2Suyix2>.

CAPÍTULO 22

NOS DIAS que se seguiram aos ataques, as mensagens não cessaram. Pelo contrário: pioraram, e muito. Na verdade, as semanas, meses e anos seguintes foram um pesadelo. A diferença é que, agora, os ataques não eram direcionados apenas a mim, mas a qualquer um à minha volta. Ele perseguiu os dois homens com quem estive quando estávamos separados em 2012 e 2014, e um dos casos chegou a parar na delegacia. Não aceitava sofrer sozinho, infernizando até mesmo a esposa do amigo do meu *personal*, que acabou pedindo o divórcio após saber que estivemos juntos.

Sei que cometi um erro enorme ao ficar com um homem casado, principalmente porque essa escolha trouxe consequências terríveis para a vida de outras pessoas. Por muito tempo, carreguei uma culpa enorme, sempre com medo de me envolver com alguém e acabar prejudicando-o de alguma forma. Eu, que senti na pele tantas vezes o peso de uma traição, sei o quanto esse sentimento pode ser devastador. Na época, porém, fragilizada e com a autoestima destruída, o afeto de um homem que me respeitava foi o suficiente para que eu escolhesse fazer o que fiz. Independentemente das circunstâncias, no entanto, meu ex não tinha o direito de cobrar pelo meu erro. Deixar esse rastro de sofrimento na vida de outras pessoas foi extremamente cruel e uma demonstração clara de posse.

Pouco tempo depois de arrombar meu escritório, ele decidiu que não arcaria mais com nenhum custo relacionado às meninas, incluindo saúde, alimentação e educação. Pensão, então, nem se fala. Ignorava as determinações judiciais, colocando-se acima da lei. Ter filhos com um ex-parceiro narcisista é algo complicado, já que eles são capazes de passar por cima de tudo para atingir seu alvo.

Há uma razão pela qual os comissários de bordo nos lembram de que, em caso de emergência, devemos vestir a máscara de oxigênio antes de ajudar outros passageiros. Para a maioria das pessoas, o primeiro instinto é socorrer os entes queridos, priorizando a segurança do outro antes da própria. Mas isso não vale para o narcisista. Narcisistas não fazem parcerias: quanto mais você dá, mais eles querem. Então, quando não há mais o que dar, você é descartado ou destruído.

Muitos dos problemas que eu vivia no casamento continuaram após a separação. Ao ser desmascarado, ele perdeu qualquer freio moral e ético, e mesmo depois de anos, lá estava ele, sempre causando transtorno. Não existia consideração ou compromisso com qualquer coisa que não seus próprios interesses. Tudo o que eu podia fazer era tentar proteger, a mim e as meninas, dos estragos que ele provocava.

Durante dois anos, o pai das minhas filhas não as ajudou com nenhum tostão. Quando finalmente foi preso, preferiu passar longos cinquenta dias trancafiado, limpando privadas e desafiando o bom-senso, a resolver a situação. Mas muita coisa aconteceu antes que ele visse o sol nascer quadrado.

No dia 29 de janeiro de 2014, apenas onze dias após o arrombamento, ele voltou a ligar, dessa vez exigindo uma cópia da certidão de nascimento das meninas. Àquela altura do campeonato, eu não estava nem um pouco disposta a conversar com ele, muito menos a facilitar sua vida. Que levantasse o popozão da cadeira e fosse ao cartório providenciar a documentação, necessária sei lá para quê. Estava farta de benevolência, e já havia acionado a Lei Maria da Penha para impedir que ele entrasse em contato ou se aproximasse de mim. Mas não adiantou. Naquele dia, ele apareceu de madrugada, esmurrando o portão e tocando a campainha sem trégua. No celular, mensagens ameaçadoras em que dizia ter chamado a polícia por eu estar privando seu acesso a documentos importantes ao proibi-lo de entrar em casa.

Completamente em pânico, tirei o interfone do gancho para não acordar as meninas e liguei para o advogado em busca de orientação. Mas o advogado não atendeu. Então, comecei a ligar para a polícia. Eu sabia que, se conseguisse entrar, ele me mataria dessa vez.

Foi uma noite de terror. Passei as duas horas seguintes chorando, encolhida num canto, com uma faca de cozinha na mão para me defender, enquanto esperava o socorro da polícia. No chão, ao meu lado, o celular tocava e tocava, vibrando a cada nova mensagem ameaçadora. Lá fora, ele esmurrava o portão sem parar.

Quando os policiais finalmente chegaram, não resolveram muita coisa. Não podiam prender meu ex, pois ele ainda não havia sido intimado – e nem seria tão cedo, já que se esquivava dos oficiais de justiça como um sabonete. Sem saída, naquela madrugada peguei minhas coisas e as das minhas filhas e fui para a casa da minha mãe, escoltada pela viatura. A ideia era passar uma noite. Acabei ficando onze meses.

Pela manhã, apenas poucas horas após o ocorrido, as mensagens recomeçaram com a violência de um tufão. Agora, alegava ter me denunciado por maus tratos para o Serviço de Proteção à Criança e ao Adolescente e para o Conselho Tutelar. Logo ele, que mal participava da vida das filhas, que nunca as levava ou buscava na escola, que sequer as acompanhava nas consultas, decidiu que era hora de bancar o paizão presente e questionar os diagnósticos médicos. A caçulinha tinha um estrabismo que há tempos vinha sendo avaliado pelo oftalmologista. Talvez precisasse ser operada quando fizesse 6 ou 7 anos, mas, como ainda estava com 5, apenas observávamos a evolução e fazíamos o controle com tampões e óculos. Naquele dia, porém, meu ex-marido cismou de levá-la em outra médica. Como eu me recusava a atender o celular, chamou a polícia e montou um circo na rua, me acusando de ser uma mãe relapsa, omissa, doente e desequilibrada que estava proibindo nossa filha de receber assistência médica. Foi preciso que minha irmã viesse de Brumadinho, região metropolitana de Belo Horizonte, para tentar dar um caráter de normalidade à situação, acompanhando a Ava e meu ex à tal consulta.

Poucos dias depois, veio o exame de DNA. Sim, ele as expôs a isso. Alegava que, se não fosse o pai, não teria de pagar pensão. Devia estar torcendo por um resultado negativo, mas é claro que as filhas eram dele. Não satisfeito, nos finais de semana em que ficava com as meninas, ao invés de levá-las para passear, enfiava-as em delegacias para fazer queixas infundadas contra mim. A alienação parental atingiu níveis tão cruéis, tão absurdos, que até um atestado falso ele conseguiu com uma namoradinha acupunturista. Dessa vez, dizia que a caçula apresentava uma candidíase grave porque eu não cuidava de sua higiene íntima. A mulher sequer examinou Ava, e mesmo assim meteu a caneta no papel, validando aquela sujeira. Deveria ter processado, mas preferi acreditar que ela era só mais uma vítima dele, pois o namoro durou pouco.

•

As atitudes do meu ex, cada dia mais insanas, vinham sempre acompanhadas de mensagens caluniosas e difamatórias a meu respeito. Foi um período surreal. Eu vivia na escola, e pulando de consultório em consultório, para pegar depoimentos de professores e atestados que comprovassem a saúde física e mental das meninas, além da minha assiduidade nas consultas de prevenção. Precisava constantemente me defender, perante a justiça, dos ataques baixos e inescrupulosos daquele homem que um dia eu havia amado.

No início, eu ainda tentava argumentar, mas logo percebi que, a cada vez que retrucava, só colocava mais lenha na fogueira. Então, o bloqueei dos meus canais de contato, incluindo aplicativos de mensagens e redes sociais. Só não restringi as ligações no celular porque era sua única forma de contato com as filhas. Sem acesso a minha vida pessoal, ele começou uma campanha feroz para me difamar moralmente em público, pois é assim que um abusador opera: quando ele não pode mais manipular o que você pensa, irá manipular o que os outros pensam sobre você.

Apenas poucas semanas após o episódio daquela madrugada, começaram as ofensivas nas redes sociais. Nos posts, compartilhados com todos os nossos conhecidos em comum e com quem mais quisesse ver, me acusava de ser uma vagabunda infiel que havia traído um marido amoroso e cuidadoso, que me dava uma vida de princesa. Enquanto isso, notícias das traições dele de quando ainda estávamos casados chegavam até mim sem que eu fizesse nenhum esforço, caindo no meu colo como fruta podre.

Mas nem assim ele parou de me atacar como mãe. Tudo era motivo para fazer um novo boletim de ocorrência, que tinham sempre as justificativas mais absurdas: as meninas pegaram piolho na escola? BO contra a mãe desleixada. Ralaram o joelho brincando no parquinho? BO contra a mãe relapsa. Dormiram na casa de uma coleguinha durante uma festa do pijama? BO contra a mãe irresponsável que larga as filhas na casa de possíveis pedófilos para sair com outros homens. A mais velha comeu manga e brincou no sol, ficando com uma manchinha na mão? BO contra a mãe negligente, mesmo a filha já tendo sido examinada pela dermatologista. A caçula esqueceu os óculos na casa da avó no final de semana que passou com o pai? BO contra a mãe imprestável que não cuida dos pertences das crianças. Esses são apenas alguns exemplos reais, mas foram tantos boletins de ocorrência, e em um período tão curto de tempo, que eu e as meninas fomos intimadas a comparecer ao fórum para uma avaliação psicológica. Em seguida, passei a ser acompanhada por uma assistente social para "garantir a segurança das meninas" enquanto o caso não era esclarecido. Também fui intimada a comparecer, como suspeita, em uma audiência na Delegacia Especial de Proteção à Criança e ao Adolescente. Passei de vítima a vilã, me restando apenas rezar para conseguir a guarda das crianças. Ele, que não pagava a pensão há meses, que havia me grampeado e espancado, que mentia, que fazia alienação parental, seguia a vida tranquilamente enquanto eu era julgada por uma série de calúnias. Era eita atrás de eita! Eu me defendia da única forma que podia – por meio de uma justiça lenta, serviços de atendimento falhos e profissionais muitas vezes despreparados para lidar com casos de agressão à mulher.

Com o passar dos meses, o processo acabou sendo extinto por falta de provas, mas, até isso acontecer, foi um sofrimento. Eu andava com uma lança sobre a cabeça, sendo alvo de todo tipo de ofensas e ameaças. Isso sem contar a pressão que ele fazia para vender a casa onde eu vivia com as crianças, ainda que ele já tivesse apartamento próprio. Minha vida estava um caos absoluto, e eu precisava de um escape. Estava na hora de ter um pouquinho de diversão sem compromisso. Então, me cadastrei em um aplicativo de relacionamentos. ▪

> Eu enxergava meu casamento como problemático e difícil, não como abusivo. Achava que vivíamos períodos de crise permeados por *fases apaixonadas*. Demorei para me conscientizar de que aquele comportamento seguia um padrão doentio, duradouro, repetitivo e *cada vez mais perigoso*.

CAPÍTULO 23

EM 2014, o Tinder, famoso aplicativo de relacionamentos, ainda era novidade no Brasil. De tanto ouvir minhas amigas solteiras, acabei sendo convencida e criei um perfil. Na verdade, a opção era essa ou mandar um SMS com as palavras "SEXO CASUAL" para *333.

Nos primeiros quarenta minutos naquela rede social, me senti como a oferta do dia anunciada no carro da pamonha. Mas, quando relaxei, comecei a me divertir à beça. Parecia um episódio de *Chaves* – só comédia. Tinha os piriguetes machos, os sem noção que expunham os filhos para impressionar pagando de bom pai, os que colocavam fotos esdrúxulas no perfil – como um pudim de leite ou um chão rachado –, os que achavam que o carro é uma extensão do corpo (pra não falar outra coisa), os cachorros (literalmente, de raças variadas), os com jeitinho de psicopata... Mas também tinha aqueles cinco por cento que talvez, só talvez, valesse a pena conferir. Afinal, era só diversão. Deus me *free* me envolver com alguém novamente. Nunca mais. *Never*. Coração trancado. Dali em diante, eu seria a fêmea-alfa pegadora, que foge ao primeiro convite para dormir de conchinha e não liga no dia seguinte.

Na teoria, tudo muito lindo, mas de repente, puf! Me apaixonei pelo primeiro cara com quem me envolvi. Tive que aprender na marra que carência não combina com amor.

Passada a primeira decepção, porém, as coisas ficaram mais leves. Durante a semana, o caos era total – rotina com as crianças, reuniões com o advogado, idas e vindas da delegacia, trabalho e mais trabalho. Mas, quando chegava a sexta-feira, eu saía do "modo problema" e ia dançar, rir, beber, dar meus beijos e celebrar a vida. Cheguei várias vezes descalça, a sola dos pés sujas como carvão, o sol raiando depois de dançar a noite inteira. Caí na farra sem culpa, e hoje reconheço que isso foi minha salvação: apesar dos pesares, aquelas escapulidas fizeram dessa uma das minhas fases mais divertidas.

Nessa época, eu ainda estava morando com a minha mãe. Não tinha condições financeiras de voltar para casa, mas, quando as meninas iam passar o fim de semana com o pai, eu ia para o meu cantinho, abria as janelas, dava uma boa faxina na casa, lavava e passava as roupas e curtia a solidão e a paz. Num desses primeiros finais de semana sozinha, me permiti tomar um banho à luz de velas. Acendi um incenso para relaxar e ali fiquei, aprendendo a usufruir do meu silêncio. Depois, peguei uma taça de vinho e fui ler um livro. No dia seguinte, era como se eu tivesse tirado férias de dois meses.

Aos poucos, fui me permitindo experimentar outras coisas que nunca havia vivido. Na primeira Páscoa sem minhas filhas, ao invés de flertar com a depressão, resolvi me convidar para almoçar. Na companhia de uma garrafa de vinho e um livro, como uma ilha num mar de mesas barulhentas e olhares julgadores, lá estava eu, feliz da vida, cultuando minha liberdade e minha companhia. Depois disso, passei a ir ao cinema sozinha. Conheci pessoas. Fiz piquenique num mirante à noite, trocando beijos com um bonitão musculoso enquanto a cidade cintilava ao longe. Criei o delicioso hábito de sair da escola com minhas filhas às sextas-feiras para nos empanturrarmos de bombas calóricas, carinhosamente apelidadas de "churros pornográficos" nas minhas redes sociais. Voltei a dar atenção à música e redescobri minhas bandas prediletas. Comemorei a vida. Ri litros. Li muitos livros. Tive uma paixonite por um cara quase dez anos mais novo do que eu. Sonhei e acreditei que o amor poderia ser bom outra vez.

Por dois anos, me comportei como uma adolescente rebelde e destrambelhada, com sede de vida. Aprendi a abraçar o que me fazia bem e a dispensar o que não me acrescentava. Estava voltando a viver – e me divertindo com isso. ■

BLOG | Maio de 2014
SOBRE AMORES DE CINEMA E BEIJOS TÓRRIDOS NA CHUVA

Eu quero tanto um amor de cinema... Daqueles moldados por pequenas atenções e gentilezas. Com coerência entre o discurso e as atitudes. Equilibrado e recíproco na medida exata. Com direito a beijos tórridos na chuva, coleção de rolhas de vinho, abraços famintos de presença, músicas com história, declarações que transbordam nas línguas, tesão de alma e corações flamejantes. Isso só pra começar!

Eu quero um amor que não se comporte como se o jogo já estivesse ganho. Que não tenha medo da entrega e que, se preciso for, não fuja à luta. Que conte segurança e intimidade como pontos a favor. Que faça de cada diálogo um deleite.

Eu quero um amor com assuntos inesgotáveis e sussurros que só se calam quando os olhos se fecham de exaustão. Que seja saboroso, encorpado e com tanino intenso, mas leve como uma comédia romântica. Que não abra espaço pra dúvidas ou inseguranças. Porque de dramas, terror e tragédias eu já estou farta.

Eu quero um amor que seja imune ao *fast-food* desenfreado e superficial no qual as relações se transformaram. Que tenha muito sexo, dedos entrelaçados e olhares transbordantes de cumplicidade. Que, passada a fase inicial da novidade, se transforme num sentimento maduro, no qual a travessia seja uma escolha de vida e a admiração mútua seja capaz de transcender e superar qualquer descontentamento físico ou raiva temporária. Um amor de alma, sabe? De cinema...

Mas aí vem a vida, essa filha da puta, e me lembra da realidade. Dos desencontros. Das ausências. Das grosserias. Dos abandonos. Do desrespeito. Das desproporções. Dos "se". Da falta de reciprocidade. Das decepções. E, apesar de tudo, eu continuo me comportando como uma sobrevivente que se justifica através da fé. Foi ele, moço, o amor! Ele quis que eu estivesse aqui hoje. Porque ele tem planos pra mim. Ou melhor, um roteiro de cinema.

CAPÍTULO 24

EM JUNHO de 2014, recebi uma ligação estranha da escola das meninas. Segundo a diretora, meu ex havia cancelado a matrícula em pleno ano letivo. Era inacreditável. Quando eu achava que não tinha como ficar pior, ele se superava. As mensalidades já estavam atrasadas àquela altura, e, ao me fazer assumir outra responsabilidade financeira sozinha, ele lavava as mãos de mais uma despesa. Foi preciso que minha mãe me socorresse mais uma vez e assumisse o colégio das netas, já que ele não arcava com nenhum centavo há quase um ano. Ao chegar em casa, encontrei na caixa de correio um bilhete dele, escrito de próprio punho, com a indicação de uma escola pública.

Para piorar, havia ainda os problemas com o posto de gasolina. Quando éramos casados, a renda provinha de vários negócios – bares, *vending machines*, sinucas, fliperamas, uma gráfica e esse bendito posto com loja de conveniência. Quando ele o adquiriu, pediu para colocar a casa como garantia. Dessa vez eu cedi, convencendo meus pais a tirarem as cláusulas de impedimento do contrato. Então, o posto ficou registrado no meu nome, mas quem administrava era ele. Eu ia apenas para abastecer ou pegar alguma besteira para as meninas na loja de conveniência.

Quando nos separamos, uma das primeiras orientações que recebi do advogado foi que não assinasse nenhum documento referente a essa firma; caso contrário, assumiria dívidas que porventura existissem. Como eu não sabia dos detalhes, preferi não arriscar. Mas ele queria minha assinatura para pegar um empréstimo no banco, e passava o dia me coagindo por mensagens. Em meio às ofensas de vadia, burra e desgraçada, ameaçava me processar e colocar os funcionários contra mim na justiça trabalhista. Eu me mantinha muda, impassível, mas cada vez que o celular apitava, meu corpo era inundado por noradrenalina e cortisol, os hormônios reguladores do estresse. Estava vivendo em estado de alerta, sempre esperando pelo pior. Então, as mensagens se transformaram em chantagem: caso eu não assinasse os documentos, ele mostraria meu vídeo íntimo com outro homem, gravado sem consentimento, para nossas filhas.

Aquilo me feriu profundamente. Era a gota d'água. Com as provas em mãos, fui à delegacia e prestei queixa, mas nada podia ser feito diante de uma ameaça que ainda não havia se concretizado. Era considerada apenas uma violação da medida protetiva, que seria encaminhada para uma morosa análise judicial. O inevitável, porém, aconteceu na velocidade de um nocaute: em 5 de outubro de 2014, quase um ano após nossa separação de corpos, ao perceber que eu não mudaria de ideia sobre a assinatura, ele mostrou um trecho do vídeo para nossa filha mais velha, então com apenas 10 anos. Não satisfeito, ainda a colocou no telefone para que me descrevesse o que havia visto, tomando o celular em seguida para dizer que, se eu não cedesse, mostraria o vídeo na íntegra para as duas. Sentindo-se no controle da situação, completou: "Se eu for preso, vou passar cada minuto na cadeia pensando em como ferrar sua vida".

Dizem que cada emoção tem uma função, e a da raiva é reparar os sentimentos de frustração e injustiça, permitindo que o indivíduo restaure sua integridade. A raiva, pela tensão muscular que provoca no corpo, é capaz de aumentar nossa força e energia, nos impulsionando a impor limites e defender nossos direitos. Talvez por isso eu tenha reagido e conseguido gravar a maior parte da conversa. Depois que a adrenalina baixou, fui aos prantos, lamentando pelo péssimo pai que havia dado às minhas filhas, para outra delegacia, em seguida para o Conselho Tutelar, onde implorei por uma ajuda que nunca veio. Eu tinha me separado, mas não conseguia me livrar daquele homem – e acabaria adoecendo se continuasse assim.

BLOG | Outubro de 2014
SOBRE SAPOS E ESQUELETOS

Todo mundo tem um sapo entalado. Um grito preso. Um choro contido. Todo mundo luta com seus fantasmas internos ou, em alguns casos, demônios externos. Todo mundo tenta esconder um esqueleto lá no fundo do armário. Todo mundo é inocente e todo mundo é culpado.

Botar a boca no trombone ajuda. Dar uma voadora na cara do oponente também. Mas nem sempre é o mais prudente. Então você veste o manto da invisibilidade e espera parar de chover merda. Não, meus amigos, a vida não é justa. Ela é uma porrada tão violenta que chega a anestesiar. E a gente liga o modo automático, com medo da hora em que vai esfriar e começar a doer pra caramba, e vive um dia após o outro, implorando por arrego.

Até que o arrego vem. Em forma de risadas, abraços apertados, olhares de cumplicidade e mãos estendidas de onde menos se espera, ou de onde se sabe que virá. E graças a Deus existem os bálsamos, porque sem eles a coisa fica insustentável.

Mas a dose de cura tem de ser diária. Por isso, reinvente seu humor, mesmo que venha na versão ácido sulfúrico. Tire leite de pedra, ou apele e vá aplaudir o pôr do sol. Reaja! Faça qualquer coisa, ainda que boba, que te dê prazer. Seja como a Dorothy e sobreviva ao olho do furacão. Porque um dia as coisas vão melhorar, e quando isso acontecer, belezuras, sai de baixo! Você vai poder usar os esqueletos do armário para invadir o Castelo de Grayskull e se transformar no Mestre do Universo depois de conquistar Eternia. Boa sorte a todos.

•

As audiências de conciliação que se seguiram naquele ano pareceram intermináveis. Por uma formalidade da justiça, eu era obrigada a ficar ali, cara a cara com meu agressor, muitas vezes sem a presença de um juiz, para não chegar a lugar algum. Eu não queria conciliar nada. Para mim, aquelas audiências serviam apenas para levantar a poeira e me colocar no raio de ação dele quando tudo o que eu queria era distância.

Em uma dessas sessões, passamos quase uma hora ouvindo um juiz discursar sobre a importância do respeito entre os pares em prol dos filhos. O Excelentíssimo em questão mal imaginava que, naquele caso, o respeito havia desaparecido no primeiro tapa. O processo abordava todos os detalhes sobre os episódios de violência doméstica, incluindo o requerimento da medida protetiva, mas ele nem se deu ao trabalho de correr os olhos pelos documentos. Era tudo muito frustrante.

A linguagem rebuscada do Direito era outro problema. Minha vida estava ali, completamente exposta, e eu não entendia bulhufas. Não entendia o que significava deferido ou indeferido, data vênia ou trânsito em julgado. Não tinha condições mentais nem emocionais para decifrar aquele dialeto jurídico, que mais parecia aramaico. Sentia que ia implodir. Eram várias medidas cautelares, e nas mais diversas varas: da família, criminal, civil, da infância e juventude, violência doméstica... E havia processo para resolver o divórcio litigioso, a guarda das crianças, a frequência das visitas, os alimentos provisionais e o bloqueio dos bens, além da sentença pelos crimes de abandono material, não pagamento de pensão, arrombamento de propriedade, agressão física e a questão do vídeo, que ele havia mostrado para uma menor. A lista era longa, e todos os dias um oficial de justiça batia na minha porta para informar a data de uma nova audiência. Ele, por outro lado, raramente era intimado, pois não conseguiam localizá-lo. O fórum acabou se tornando um ambiente familiar demais. Eu odiava aquilo.

É desanimador constatar como nosso país ainda está despreparado para lidar com casos de violência doméstica. O excesso de burocracia, somado à falta de suporte à vítima, parecem pensados para nos desencorajar a seguir em frente. Para citar apenas meu exemplo, houve uma vez em que precisei comparecer a uma Delegacia de Defesa da Mulher com uma testemunha, que havia ouvido as ameaças do meu ex pelo viva-voz do celular. Cheguei pontualmente às 14h, conforme havia sido marcado. Quando a funcionária abriu a agenda para conferir meu nome – na época, ncm computador havia na recepção – pude ver que aguardavam meu ex-marido no mesmo horário. Percebe a falta de cuidado? Ao agendar o comparecimento da vítima e de seu algoz no mesmo local e horário, a instituição que deveria me proteger acabava de me colocar em uma situação de risco. Felizmente, ele nunca chegava na hora. Só deu tempo de me indignar com o descaso e deixar meu número com a funcionária, solicitando uma nova data para comparecer. Meu coração já vivia tão acelerado que parecia que a qualquer momento eu teria um troço.

Apesar da medida protetiva, os ataques continuavam pesados e incessantes. Então, em dezembro daquele ano, após tantas evidências em forma de áudios, mensagens e e-mails, o juiz finalmente determinou a colocação de uma tornozeleira eletrônica. Mas nem o bendito aparato o manteve na linha: ele violou a lei mais de sessenta vezes ao longo dos noventa dias de uso, fazendo questão de passar na esquina da minha casa todos os dias a caminho do trabalho.

2014 tinha sido um ano pesado. Eu precisava urgentemente de um banho de sal grosso e de um descarrego. Não tinha um centavo no bolso, mas não sobreviveria sem uma trégua. Então, dividi as passagens em mil parcelas e disse para as meninas: "Façam as malas. Vamos pra casa do vovô, na Bahia". ▪

CAPÍTULO 25

NÃO ME LEMBRO de nada daquelas férias de janeiro. Juro. Não sei o que eu fiz, que livros eu li, que sorvetes tomei. Meus neurônios só podiam estar danificados, pois as memórias que tenho dessa viagem equivalem às de uma ostra em coma. Só sei que realmente estive na praia pelas fotos e registros nas redes sociais. Acho que deu pra ter uma ideia da minha estafa mental. Mas me lembro de uma coisa que aconteceu no retorno para casa.

Estávamos no final do mês e as aulas ainda não tinham começado. Então, decidi aproveitar mais um pouquinho antes de voltar para a realidade. Liguei para algumas amigas, que também tinham filhas, e fomos para o clube. Juntamos mesas, cadeiras e mandamos descer de tudo: cerveja, batata frita, salgadinhos, suco, picolé e uma boa dose de fofoca e gargalhadas. O céu, da cor do mar que eu havia me despedido no dia anterior, combinava com o calor que trouxera na bagagem, fazendo daquela uma tarde perfeita. Foi quando vi um rosto conhecido caminhando em direção ao bebedouro. Era o Tadeu, meu ex-namoradinho da década de 1980 por quem, é claro, eu não nutria mais nenhuma fagulha de paixão adolescente. Também, pudera: trinta anos já haviam se passado, e nesse meio tempo ele engatou um breve e conturbado namoro com uma amiga minha de infância. Segundo ela, o relacionamento não havia terminado nada bem. Comprei as dores da amiga, e quando o vi, cumprimentei, perguntando, por pura cortesia, se ele gostaria de se juntar a nós. Não imaginava que ele aceitaria, mas ele aceitou.

Preciso abrir um breve parêntese aqui. Eu sempre fui a rainha da gafe: troco as palavras o tempo todo, falo bobagem sem perceber, sempre me estabaco em lugares públicos e vivo com os joelhos ralados. Depois de tomar umas, então, o vexame é certo. Entre meus familiares e amigos, essa característica já virou lenda. Mesmo assim, ninguém poderia prever a manota faraônica que eu daria naquele dia.

Tadeu havia começado a falar sobre suas proezas culinárias, e eu salivava sem parar. Meu ex-marido me acordava para esquentar a porcaria do feijão no micro-ondas, sabe? Descobrir que homens cozinhavam de verdade – e curtiam aquilo – era o mesmo que me dizer que os dinossauros não estavam extintos. E aquele dinossauro em questão não estava na TV, nos livros ou em um desenho animado. Ele estava bem na minha frente, falando sobre paleta de cordeiro, arroz selvagem, ceviche, *steak tartare* e massa folhada com *chantilly* e frutas vermelhas. Admirada e incrédula, eu o convidei para pilotar meu fogão. Mas a última palavra saiu errada, sendo trocada por... bem, cuzão. Sim, eu havia acabado de convidar um homem que não via há trinta anos, na frente de um monte de gente, para "pilotar meu cuzão". Juro por tudo que é mais sagrado que não foi intencional. Simplesmente saiu. Minha língua me passou essa rasteira. Foi constrangedor até a ponta dos cílios. A zoação foi geral, principalmente depois que ele se prontificou a fazer o que eu havia proposto.

Quando enfim anoiteceu, fomos gentilmente convidados a nos retirar do clube, que precisava fechar. Com a lua já alta no céu, aquela turma esfomeada e ligeiramente alcoolizada acabou indo para a minha casa, onde Tadeu pôde provar seus dotes culinários. No fim das contas, ele acabou pilotando meu fogão de seis bocas. E, apesar do vexame, tive que dar o braço a torcer, pois foi um dia divertidíssimo.

No decorrer desse tempo, Tadeu se revelou uma pessoa realmente interessante. Me chamava para sair de vez em quando, mas eu recusava. Não estava pronta para me envolver emocionalmente com ninguém, e fui até meio grossa ao recusar algumas investidas. Mas ele conhecia a arte de comer pelas beiradas e teve uma paciência de Jó. Às vezes, se oferecia para fazer o almoço de domingo para mim e para as meninas. Eu topava, mas sempre convidava uma amiga para não ficar sozinha com ele. Não queria que minhas filhas achassem que estávamos juntos. Para mim, era apenas uma boa companhia.

Mas a frequência dos encontros aumentou, e volta e meia nossas conversas se estendiam madrugada afora. Eu já tinha saído com outros caras, então não era uma questão de cu-doce. Mas, de alguma forma, com ele me vi colocando o pé no freio. Era como se eu não quisesse estragar tudo – por causa da minha amiga, que já havia se relacionado com ele, ou porque ele já tinha sido meu namoradinho lá em mil novecentos e bolinha, ou porque minha intuição gritava que havia alguma coisa diferente dessa vez.

Então, em meados de março, passados dois meses do reencontro no clube e incontáveis "nãos", finalmente cedi e aceitei um convite para jantar. Ele chegou de motorista e disse que iríamos num bistrô francês bem intimista. Há muito tempo eu não era mimada daquele jeito. Mas, no caminho, aconteceu uma coincidência engraçada.

Conversávamos sobre amenidades a caminho do restaurante, e nossa adolescência surgiu no assunto. Contei que minha mãe era muito brava naquela época, talvez por ter se divorciado cedo, tendo que cuidar sozinha de mim e dos meus irmãos quando ainda éramos bem novos. Para ilustrar, disse que havia apanhado ao ser pega pendurada no pescoço de alguns rapazes. Tadeu começou a rir. Foi aí que ele terminou de complementar os detalhes da vez que eu matara aula para nos encontrarmos, incluindo a cena da minha mãe nos pegando no flagra e dando aquele sermão histórico. Meu queixo caiu. Me lembrava da ocasião traumatizante, é claro, mas simplesmente apaguei que havia sido com ele. Então, tudo que eu vinha ignorando nas últimas semanas caiu sobre mim como uma avalanche.

No decorrer do jantar, o muro que eu havia construído para me afastar de todos os homens do mundo foi desmoronando. Horas depois, quando entramos numa boate para dar sequência à noite, deixei que ele me beijasse.

Já não havia mais tijolos me separando da piscina do vizinho. Por volta das duas da madrugada eu estava mergulhada até os cabelos. ■

CAPÍTULO 26

ACORDEI NA MANHÃ seguinte com um gosto metálico na boca. Levei alguns segundos para me lembrar de onde estava, mas, aos poucos, fui sendo abraçada pelos *flashes* da noite anterior. "Nosso primeiro beijo depois de quase trinta anos!", pensei, meu coração acelerando numa mistura de medo e expectativa.

A cena invadiu minha cabeça sem pedir licença: o olhar intenso, a língua macia invadindo a boca, meus dedos entrelaçando os cabelos da nuca dele. Era o cabelo mais macio que eu já havia tocado. Uma surpresa aquele cabelo, tão suave que definitivamente não combinava com a cara de bravo, a barba cheia, o cheiro de couro do casaco e aquele excesso de testosterona.

Sentada na cama, ainda sentia tudo rodar. Só não sabia se era por culpa das garrafas de vinho e doses extras de uísque ou pela incerteza do que estava por vir. Um café seria bem-vindo para tentar expulsar aquela indecente mistura de ressaca, frio na barriga, tesão, ansiedade e vergonha – esta última, uma novidade que não havia sentido na noite anterior. Então, me levantei e fui preparar uma dose reforçada.

Na cozinha, os *flashes* continuaram sem parar. Me lembrei da excitação que senti quando entrelaçamos nossas peles, pouco me importando se os garçons viram quando passei a perna entre as dele. Também não hesitei quando ele subiu a mão pelo meu vestido, e me lixei se o taxista estava espiando aquele amasso desavergonhado pelo retrovisor no caminho de volta. Na hora H, porém, recusei o convite para passar a noite com ele, como uma virgenzinha apavorada. Me recusava a acreditar que havia voltado sozinha para casa, e o pior: intacta.

É engraçado como me lembro dos meus pensamentos daquela manhã. Enquanto a água para o café fervia, minha cabeça também borbulhava. Com tanto cara por aí, tinha que ter ficado justo com ele? Como explicaria aquilo para a minha amiga? E agora, devia ligar para ele ou não? Se ligasse, o que iria dizer? Que fui perdidamente apaixonada por ele quando tinha 13, 14 anos? E se me apaixonasse de novo? Ah, não. Logo agora que me livrei de um casamento infernal? Não vou me envolver com ninguém. Nunca mais.

Quase dois anos sozinha e uma xícara de café forte e sem açúcar estavam me fazendo muito bem. Eu não queria meter os pés pelas mãos daquela vez. Decidi que ligaria. Queria ver onde daria aquele primeiro beijo depois de quase trinta anos. Eu não era nenhuma donzela recatada. Virgem, só no signo, e estava doida para mergulhar no aquário dele. Queria ver aonde daria aquele primeiro beijo depois de quase trinta anos.

Mas nem tive tempo de agir. Antes mesmo que eu largasse a xícara, o telefone tocou.

– Oi, Dani! Tadeu aqui. Que noite ótima, né? Vamos repetir? ■

BLOG | Março de 2015
O MAIS PODEROSO AFRODISÍACO DO MUNDO

Existe um livro, de título muito apelativo, que faz sucesso entre o público feminino: *Por que os homens amam as mulheres poderosas*. Não costumo me entregar a essas modinhas literárias, mas, quando me dei conta já estava lá, folheando um exemplar só para detectar meu nível de poder no universo masculino. Numa escala de 1 a 10, acabei descobrindo que é... isso mesmo: ZERO.

Há uma série de receitinhas comportamentais no livro. Segundo a autora, uma mulher poderosa nunca demonstra se importar muito, nunca é boazinha demais, nem disponível demais, nem transparente demais, e blablablá. Acho que eu faço tudo errado, ou meus conceitos estão do avesso. Não importa: qualquer uma das opções me transforma, segundo o livro, na mulher menos poderosa do universo.

Bom, não sei você, mas eu odeio me sentir insegura em relação a alguém. Por isso mesmo, também não gosto de deixar ninguém inseguro. Chego a ser chata de tão previsível – aviso onde estou, com quem estou, que horas vou chegar, o que estou fazendo, sentindo, pensando. Também costumo ser pontual, e não deixo ninguém na expectativa.

Acho que quem inventou que ciuminho e insegurança na medida certa podem esquentar uma relação, ou era doido da cabeça ou um imbecil completo. No meu caso, que detesto corda bamba no escuro, insegurança extrai meu pior lado, e só vai esquentar a relação se eu botar fogo no parceiro.

Não sou uma pessoa competitiva, sabe? Nunca fui. Quando criança, detestava natação, corrida ou qualquer brincadeira cujo objetivo fosse chegar na frente. Até hoje, se eu tiver que brigar com alguém por alguma coisa, acabo largando o osso. Se for por causa de homem, então, que dó! Prefiro entregar o sujeito na bandeja pra quem quiser, de preferência com uma maçã na boca.

Insegurança, seja por ciúme, ausência ou por uma promessa não cumprida, é como um balde de água fria. A segurança, por outro lado, é um afrodisíaco e tanto. Se os homens soubessem o efeito que ela proporciona, não precisariam gastar tanto dinheiro para impressionar as mulheres. Saber que o terreno é firme abre portas, corações e até pernas. Fica a dica!

CAPÍTULO 27

APESAR DOS PERRENGUES, as coisas estavam ficando mais leves e divertidas. A vida com o Tadeu era uma aventura: após quinze dias juntos, ele me pediu em namoro. A última vez que eu tinha sido oficialmente pedida em namoro foi na adolescência. Achei muito fofo.

Tadeu também fazia coisas que me davam mais segurança do que mil "eu te amo" juntos. Certa vez, por exemplo, quando precisei ir ao fórum para mais uma daquelas infernais audiências, o vi passando por ali apenas para mostrar sua presença, mesmo de longe. Não precisei pedir. Ele simplesmente saiu do trabalho no meio da tarde e foi. No celular, uma mensagem: "Estou aqui se precisar de mim. Não como advogado, pois você já tem um, mas como seu namorado". Ele sempre sabia o que dizer ou fazer, e eu gostava disso. Essa segurança era um bálsamo.

Depois de anos vivendo um relacionamento abusivo, tinha aprendido a reconhecer os alertas vermelhos, que acendiam ao menor sinal de perigo. Com ele, no entanto, não tinha nem uma luzinha. Éramos parecidos de uma forma inexplicavelmente boa. Não havia manipulação ou joguinhos – a sintonia era real. Havia cuidado, gentileza, empatia, companheirismo, coisas que eu nunca tinha experimentado antes. Me sentia caminhando em um terreno firme, acolhedor, mas com o friozinho gostoso da paixão. Ele fazia planos comigo, incluía minhas filhas, era de uma pontualidade britânica e cumpria com tudo que prometia. E ainda cozinhava pra mim, me fazia rir e me mimava de um jeito que eu nem sabia que era possível. Eu gostava cada vez mais do que estava vivendo.

Pouco antes de completar um mês de namoro, Tadeu e eu fomos a uma festa. Logo na entrada, porém, descobri que meu ex estava lá. Aquilo me pegou totalmente de surpresa. Era seu primeiro final de semana sem a tornozeleira eletrônica, e ele deveria estar com as crianças. Senti medo ao vê-lo cruzando o local com os olhos fixos em mim. Mas, quando o sangue já ia fugindo do meu rosto, a tranquilidade e a segurança vieram através de um gesto: Tadeu entrelaçou seus dedos nos meus e, sem precisar dizer nada, me disse tudo. Mesmo com meu ex nos rodeando, me senti cuidada como nunca.

Viver com o Tadeu era como estar num campo eletromagnético de proteção e alegria. Quando ele chegava, as nuvens de tempestade se dissipavam e o céu ficava azul. Em maio, cerca de três meses após nosso primeiro beijo, ele já demonstrava tanta certeza de me querer em sua vida que começou a fazer planos de viajar com nossas filhas. Sugeriu passarmos o Réveillon na Itália, mas eu precisava da permissão do meu ex para renovar o passaporte das meninas. É claro que ele não facilitou, e tive de recorrer à justiça. Acabou dando tudo certo, e no dia 31 de dezembro de 2015, faltando meia hora para os fogos, estávamos nós seis – eu, ele, minhas filhas e as dele – felizes da vida na praça de San Marco, em Veneza.

Ao contrário do que havia passado nos últimos vinte anos, com meu novo namorado eu não precisava pisar em ovos, e bastou pouco tempo juntos para que eu deixasse meus medos de lado. Eu tinha certeza de que esse era um relacionamento que valia a pena viver.

BLOG | Junho de 2015
POR SUA CAUSA

Me lembro da minha agenda escolar de 1986. Entre as matérias que cairiam na próxima prova, um monte de coraçõezinhos desenhados a caneta com seu nome dentro. Eu tinha apenas 14 anos, mas uma paixonite tão intensa que me fazia misturar fórmulas de química com a letra "T" do seu nome.

Naquela época, eu jogaria tudo pro alto só pra ficar com você. Por sua causa, já fiquei de castigo. Por sua causa, já levei muita bronca (quem mandou matar aquela aula tão importante de aeróbica só pra te dar uns beijos?). Por sua causa, já quis fazer um monte de besteira.

Mas não era pra ser. Minha alma ainda não estava pronta pra você, nem a sua pra mim. Então, fui beijar outras bocas. Ter o coração partido por outros garotos. Conhecer as doçuras e crueldades do mundo. Depois de tanto andar, porém, acabei retornando pro mesmo lugar. Acho que o destino me ama, porque ele me trouxe de volta pros seus braços e pros seus beijos, apesar da minha resistência e teimosia.

Hoje, por sua causa, eu não fico mais de castigo, mas continuo jogando várias coisas pro alto. Primeiro, minha convicção ferrenha de que nunca mais me apaixonaria de novo, ainda mais depois de me apaixonar por mim mesma e pela minha completude. Ah, não. Meu coração estava trancado a chave. Mas de repente, em pleno dia dos namorados, cá estou pagando língua e me dando os parabéns por estar na-mo-ran-do. E o mais irônico: achando tudo isso a melhor coisa do mundo!

Por sua causa, tem uma semana que não fumo. E olha... eu adorava fumar. Por sua causa, aprendi que relacionamentos não precisam ser como um passeio de montanha-russa. Sabe aquele clichê de que o amor deve ser fácil, suave, uma calmaria leve e boa? É tudo verdade, mas ninguém me contou que o friozinho na barriga continuaria lá.

Por sua causa, aprendi que felicidade não exige grandes planejamentos. Quando a gente está no caminho certo, ela simplesmente vem.

É... Me apaixonei por você pela segunda vez nessa vida. Só que agora, a paixonite virou amor. E sobre aquela chave, não sei se você reparou, mas não a uso mais no pescoço. Eu me abri pra você.

•

Alguns meses antes do Réveillon, em setembro de 2015, meu ex tinha sido preso. Dois anos haviam se passado desde a separação de corpos, e ele seguia sem pagar nenhum tostão de pensão para as filhas. Julgava que eu usaria o dinheiro para gastos pessoais, e não para arcar com as despesas relacionadas à educação, alimentação e saúde das crianças. Então, preferiu ficar preso a quitar a dívida.

Foi um período difícil. As meninas já não faziam nenhuma atividade extra, pois nem as aulas de inglês ou natação ele se disponibilizou a continuar pagando. Eu já havia voltado para casa, e além da rotina com as crianças, seguia cuidando de todas as tarefas domésticas sozinha. Sem dinheiro para o supermercado, continuávamos fazendo as refeições na casa da minha mãe. Tinha dias que eu abria a geladeira vazia e, tentando manter o bom humor, brincava: "Gente, não tem um vinho nessa casa! Já fui mais esperta nessa vida".

Então, em outubro daquele ano, aconteceu nossa milésima audiência de divórcio. Ele foi direto da cadeia para o fórum, após quase dois meses preso. Chegou lá algemado. Quando entrou na sala, a energia ficou tão densa que tive dificuldade para respirar. O juiz ainda não havia chegado, e, apenas na presença dos nossos representantes legais, ele olhou nos meus olhos e disse, como se conversasse com a advogada: "Sabe, doutora... Esse tempo na cadeia foi excelente. Fiz ótimos amigos: estupradores e assassinos...".

Não precisei ouvir mais nada. Antes mesmo da audiência começar, comuniquei aos advogados que abriria mão de tudo que eu tinha direito por lei. Minhas meninas precisavam de uma mãe viva, e para me livrar das ameaças e conseguir sair dali divorciada, aceitei receber o valor que ele estipulou para a pensão – que, é claro, estava muito longe de ser o suficiente para as necessidades das crianças. Como o lote já era meu, negociei apenas para ficar com a casa, recebendo a parte dele no lugar da dívida da pensão. Mas nem isso ele aceitou totalmente, exigindo que o imóvel fosse vendido e que quarenta por cento do valor fosse revertido em um apartamento para cada uma das filhas. O dinheiro nem dava para isso, mas aceitei na esperança de ter paz – o que nunca aconteceu.

Enquanto escrevo este livro, quase cinco anos após a homologação do divórcio e sete da separação, ele continua não pagando a pensão como deveria. Chegou ao disparate de me oferecer uma impressora plotter no lugar do dinheiro, como se isso resolvesse os problemas imediatos. Criança, como qualquer pessoa, gasta pra morar, pra comer, pra estudar, pra viver. Meu ex sabia que a lei não permite trocar pensão por bens, mas se sentia acima dela. Como não aceitei, começou a dizer para os outros que havia tentado me dar uma gráfica de "presente", mas que eu preferi sentar a bunda no sofá e esperar a pensão cair do céu. Era um sem noção.

Mas essa é só uma das mentiras que ele inventou. Depois disso, houve várias, que ele ainda repete como um mantra, até se convencer de que é a vítima da história. O fato é que, mesmo depois de ter sido preso, meu ex nunca deposita o valor total na data certa – sempre o faz em pequenas parcelas, com atraso, de forma que eu nunca consiga me organizar para pagar as contas no prazo, arcando com juros e multas de todo tipo.

Mais recentemente, em 2017, ele entrou com uma revisional para diminuir o valor da pensão. Alegava falência. Chegou a dar baixa em todas as firmas, e começou a atrasar propositadamente o condomínio do seu apartamento – que, não sei por que cargas d'água, também estava no meu nome. Um dia, então, recebi uma intimação para quitar a dívida. Precisei acionar o advogado para provar que nunca havia morado lá, passando por mais um transtorno na justiça.

Coisas desse tipo ainda acontecem o tempo todo. Inacreditavelmente, a ação revisional foi aceita pela justiça, culminando no pagamento de menos de um salário mínimo para cada filha. O valor não cobria nem os gastos com a escola. Foram meses desesperadores até conseguir recorrer, tudo isso em meio a uma crise econômica que assolava o país, e que, ao contrário do que aconteceu com ele, me levou a realmente fechar meu negócio.

E a falência não era só jurídica – era física também. No ano anterior, eu tinha desmaiado duas vezes no curto período de uma semana e carregava uma longa lista de sintomas preocupantes: uma insônia que me fazia passar noites seguidas em claro, enxaquecas pavorosas, explosões de raiva e mudanças bruscas de humor, ataques de pânico e crises de choro, fora uma azia descomunal que me comia por dentro. Foram tantos sapos engolidos que nem meu esôfago aguentou. Recebi um diagnóstico de esofagite erosiva classe C, prestes a virar um câncer. Outro exame detectou que meu organismo não produzia mais serotonina, o hormônio regulador do sono, humor, apetite, ritmo cardíaco, temperatura corporal, sensibilidade e funções intelectuais. Meu piripaque agora tinha nome: Transtorno do Stress Pós-Traumático, ou TSPT, algo comum entre veteranos de guerra. Era meu corpo me dizendo que eu vinha enfrentando uma luta sem fim – naqueles últimos anos, havia me transformado em sobrevivente, com todos os traumas e consequências decorrentes disso.

Demorei anos para entender o impacto da violência doméstica na saúde feminina. Mulheres vítimas de abuso têm maior propensão ao suicídio e mais chances de sofrer de depressão, dores crônicas, doenças cardíacas, derrame, ansiedade, ganho ou perda significativa de peso, ataques de pânico, doenças sexualmente transmissíveis e o maldito TSPT. Apesar da leveza que Tadeu havia trazido para a minha vida, eu estava há anos aguentando um tranco depois do outro. Meu ex não dava trégua, e com isso as feridas nunca cicatrizavam. Quando eu achava que teria paz, ele inventava um motivo para me atacar outra vez.

•

Naquele ano, o aniversário do meu ex caiu numa sexta-feira. Levei as meninas para passar o dia com o pai e aproveitar a festa, que aconteceria no sábado à tarde. À noite, haveria outra festinha com as amigas da escola, e combinei de buscá-las às 19h.

O condomínio onde ele mora é formado por várias torres. Quando cheguei, no horário combinado, estacionei na rua, respeitando os duzentos e cinquenta metros de distância determinados pela medida protetiva, e liguei para as meninas descerem. Assim que elas chegassem na portaria, eu aproximaria com o carro para pegá-las e voltarmos para casa. Elas chegaram cerca de dez minutos depois, mas é claro que não estavam sozinhas. Ele fez questão de ir junto, levando uma ficante a tiracolo e ignorando a determinação judicial. Prevendo a tempestade, pedi que as crianças entrassem rapidamente no carro, mas ele se enfiou pela porta do passageiro e, claramente alcoolizado, com minha caçula no colo, começou a me ofender e a esbravejar que não as entregaria para mim. Cloé havia conseguido entrar no carro, mas eu não podia deixar Ava com o pai naquele estado de embriaguez. Então, desci para pegá-la. As memórias do que aconteceu em seguida se misturaram num borrão, mas me lembro de sair de lá com as meninas, aos prantos, com os empurrões queimando em meus braços e as ofensas e humilhações ecoando em meus ouvidos. Liguei para o advogado, que me orientou a dar queixa. E lá fui eu, mais uma vez, em busca de proteção numa delegacia inóspita.

No dia seguinte, soube que a mulher que o acompanhava era a tal Mirlene, então ex-esposa de um amigo dele, a mesma que havia se passado por minha amiga no período final da separação. Estavam saindo desde quando nós éramos casados, mas recentemente o ex dela havia descoberto as mentiras e traições e a expulsado de casa. Quando isso aconteceu, já não éramos mais próximas, pois anos antes, em uma mensagem desaforada, meu ex jogou na minha cara que, a mando dele, ela levava um gravador para se encontrar comigo. Torço até hoje para ela ter gravado algumas das minhas peripécias sexuais, só para ele ter tido o que merecia. Eu achava que gente mau-caráter assim só existia nos livros. Por muito tempo confiei naquela dissimulada, que sabia, inclusive, a senha das minhas redes sociais.

Depois disso, eu pifei. Me senti atropelada de todos os lados, e precisei de ajuda psiquiátrica, psicológica e espiritual para juntar os cacos e redescobrir meu valor. Finalmente admiti que, sozinha, eu não conseguiria mais. Vivia me cobrando ser uma mãe melhor. Via outras mães mandando lanches orgânicos e saudáveis para os filhos, enquanto minhas meninas comiam biscoitos de chocolate. Mas estava exausta demais para dar conta. Então, foquei em mostrar, pelo exemplo, que era possível dar a volta por cima e refazer nossas vidas destruídas. Me orgulho de nunca ter recuado, fraquejado ou olhado para trás. Não sei se as meninas entendem a dimensão dos acontecimentos, mas, quando se tornarem as mulheres extraordinárias que já se mostraram ser, talvez perdoem alguns dos meus erros.

Hoje, mesmo após tantas adversidades, tenho certeza de que estou no caminho certo. O que queria deixar registrado aqui é que, muitas vezes, quem vê de fora não percebe que as agressões vão além do físico. A agressão física é só a última e derradeira etapa de um longo ciclo de abusos, e, por vezes, os ataques verbais e psicológicos deixam cicatrizes muito mais profundas. Vale lembrar ainda que a violência doméstica não escolhe classe social. Meu ex era um empresário "bem de vida", mas nunca me proporcionou *vida* no sentido real da palavra. Passei vinte anos numa gaiolinha de ouro e era uma mulher triste.

No Brasil, três mulheres são assassinadas por dia, vítimas de feminicídio. A cada dois segundos, uma mulher é agredida. Em quase 80% dos casos, os agressores são o atual ou o ex-companheiro, que não se conformam com o fim do relacionamento.[*]

---

[*] Disponível em: <https://glo.bo/3jNtf6U>.

Denunciar não é fácil, e o caminho é longo. Existe muita burocracia, e a justiça é lenta e falha. Quando seu companheiro não puder mais atingir você fisicamente, ele o fará através dos seus filhos, de chantagem financeira ou difamação. As pessoas acharão que você fez alguma coisa para provocar aquilo. Você vai ouvir, inclusive, que um homem maravilhoso como aquele nunca seria capaz de coisas tão baixas. O que eu sei é que, mesmo que você tenha provas documentais e periciais, ainda será duramente julgada. A polícia vai te mandar voltar para casa, alguns à sua volta vão sugerir que você deixe tudo de lado para não prejudicá-lo, e pessoas em quem confiou um dia se afastarão de você. Infelizmente, você também vai descobrir que muitas mulheres ainda são machistas. Você terá pesadelos. Vai sonhar que ele te mata, te persegue, te humilha. Mas isso é apenas o seu inconsciente revivendo o que você passa quando está acordada.

Tudo o que você quer é esquecer e lidar com seus traumas, mas a cada dia surgirá uma nova versão da nova mentira que ele falou publicamente sobre você. E, quando a poeira estiver finalmente baixando, a justiça vai te intimar para mais uma interminável audiência cara a cara com seu abusador.

Você será classificada como louca, vagabunda, aproveitadora. Será xingada, humilhada, e vai descobrir que, aos olhos dos outros, você é uma pessoa horrenda. Sua credibilidade será destruída por um tribunal imaginário, cheio de juízes que você não conhece nem nunca viu. Fora a vergonha de ver sua família vindo te reerguer num momento em que você deveria estar ali para apoiá-los. Eles também estão sofrendo pelas suas péssimas escolhas.

Tudo o que você vai querer nessa vida é paz, mas a realidade é que muitas mulheres já passaram, estão passando e ainda vão passar por isso. O mais importante, porém, é que você também descobrirá o quão forte, valente e maravilhosa você é. Vai entender que, em casos como esse, é preciso dar um passo de cada vez. Que a felicidade está nas pequenas coisas. Que, se você conseguiu passar por isso, é capaz de enfrentar qualquer coisa nessa vida. Sorria por isso. É uma vitória imensa, e uma oportunidade única de reescrever a sua história. ■

BLOG | Outubro de 2016

10 DICAS PARA ENFRENTAR (COM O MÍNIMO DE DIGNIDADE) AS PATADAS QUE A VIDA NOS DÁ

1. Durma até criar raízes e ficar com as dobras do lençol impressas na pele. Acordar enrugada que nem um Shar-pei pode até ser uma forma de fugir da realidade, mas poupará você de muito barraco.

2. Enquanto a dor ainda está pulsante, dê um tempo para a sua mente. Ao invés de torrar seus neurônios com pensamentos destrutivos, viva, mesmo que apenas por um momento, a vida tranquila de uma samambaia em coma – basta escolher um livro, filme ou outra atividade capaz de transportar você para esse universo paralelo de paz e harmonia. Acredite: se esquecer dos problemas, por duas horas que sejam, traz um alívio tremendo.

3. Aproveite o trânsito para xingar palavrões horrendos, mas lembre-se de fechar as janelas para não levar um tiro. O mundo está muito violento. Se mesmo assim a situação se complicar, alegue Síndrome de Tourette.[*]

4. Procure se colocar no lugar do outro sempre que possível – esse simples exercício de humildade é capaz de solucionar muitos problemas. Se ainda assim achar que está com a razão, mande um pacote de biscoitos Oreo para o seu desafeto, recheado com pasta de dente e acompanhado de um meigo bilhetinho de desculpas.

5. Sempre espere a poeira baixar antes de tomar uma decisão. Brigar de cabeça quente é que nem paquerar estando carente e bêbado: você acaba fazendo escolhas terríveis.

6. Durante a crise, permita-se pequenos prazeres. Experimente tomar um banho quente, beber um bom vinho, sair com as amigas ou ouvir suas músicas preferidas. Ou compre um vibrador. Vale de tudo.

---

[*] Síndrome de Tourette é um distúrbio neuropsiquiátrico caracterizado por tiques motores ou vocais. Embora ocorram com frequência e intensidade variáveis, tais sintomas costumam causar constrangimento aos pacientes, que nem sempre conseguem evitar realizá-los. (N.E.)

7. Para não surtar, encare seus problemas e enfrente sua dor com honestidade. Caso contrário, passará a vida como uma metralhadora ambulante, atirando seu lixo emocional não processado em todos ao redor. Mas não seja cruel consigo mesmo. Autoflagelação está fora de moda desde a Idade Média.
8. Quando se sentir encurralada, tente achar saídas realistas, dando pequenos passos, um dia por vez. Sair de uma crise é como sair do AA – não adianta pensar lá longe, e sim no amanhã. Vai com fé e calma.
9. Cuidado para não colocar sua salvação nas mãos de outras pessoas. Ninguém virá ao seu socorro montado num pônei degradê que peida glitter. Então, mantenha os pés no chão e assuma o controle da sua vida.
10. Apesar de ser difícil de acreditar que um dia passa, essa é uma das grandes verdades do universo: passa. Dias felizes esperam por você. Enquanto eles não chegam, se entupa de sorvete.

P.S.: para mim, que vivo em crise, esses são conselhos preciosos. Pratico o 3 com bastante frequência. O resto, tento com afinco.

BLOG | Novembro de 2016

OS GALINHAS, AS VAGABUNDAS E OS DINOSSAUROS

Toda vez que vejo algum texto defendendo a infidelidade masculina, tenho vontade de vomitar. Aqui vão algumas das "pérolas" que já li por aí: "A traição do homem é hormonal, efêmera, para satisfazer a lascívia"; "A traição tem seu lado positivo. Até digo, é um mal necessário"; "A mulher se realiza satisfazendo o desejo maternal"; "O homem que vive cercado, sem trair, é infeliz no casamento, e seu desempenho sexual diminui"; "Finja não saber que ele dá uns pegas por fora. Esse é o segredo para um bom casamento".

Vou parar de citar, porque a asneira é infinita. Uma grande sopa de merda. E nem pretendo entrar aqui na questão da infidelidade, do que é certo ou errado, do impacto nos milhões de corações partidos e das fortunas gastas em sessões de terapia por causa de afirmações como essas. Na verdade, eu gostaria de falar é sobre essa farsa que nos vendem, e que há séculos valida uma cultura machista e egoísta: a de que o homem necessita mais de sexo do que a mulher e de que ele separa sexo de sentimento. Pronto! Tá tudo justificado. Os "pinto loko" já podem sair por aí dando suas escapulidas sem culpa porque "você sabe né, amor, é hormonal, não depende de mim". E essa babaquice foi repetida por tanto tempo que até as mulheres passaram a acreditar. Caramba! Não é hormonal, é cultural. Lavagem cerebral convenientemente difundida para supervalorizar o homem que cumpre seu papel de "macho" e desvalorizar a mulher que assume seus desejos – o galinha e a vagabunda.

Bem, a sociedade pode até beneficiar os homens nessa questão, mas eu não sou a sociedade. E a boa notícia – ou má, dependendo de quem a recebe – é que mulher também sabe separar sexo de sentimento. Nem sempre ela quer que o cara ligue no dia seguinte, e, se quiser, ela mesma vai ligar. Mulher tem vontade própria, e pode acreditar: também adora sexo e sente desejo na mesma intensidade. Pois é. Os tempos já mudaram, e vão continuar mudando. Estamos cada vez mais independentes, financeira e emocionalmente. Descobrimos que essa história de ser metade da laranja é uma besteira – o bom é ser a laranja inteira. Sabemos que a luta por direitos iguais entre os gêneros vai muito além de equidade salarial. E, para se estar junto, seja num relacionamento aberto ou fechado, é preciso troca, amor, reciprocidade, confiança e respeito. Não, os opostos não se atraem. Procure alguém com ideias, objetivos e valores parecidos com os seus, e que demonstre isso com atitudes. Os dinossauros já foram extintos. Então, se você ainda pensa como seu avô, cuidado: você corre um sério risco de ser atingido por um meteoro chamado realidade.

> Estar à mercê do futuro é um *ato de coragem*, mas também uma oportunidade única de reinventar a própria história.

CAPÍTULO 28

APÓS RECONHECER que eu tinha um problema dos grandes em mãos e que precisava urgentemente de ajuda, fui fazer terapia. Estava na hora de parar de viver como se estivesse despencando num barril pelas Cataratas do Niágara. Eu, que sempre tive pavor de tomar remédio até para dor de cabeça, entendi que seria um apoio temporário, mas necessário, e marquei também uma psiquiatra. Seria ótimo ter uma muletinha química para desanuviar a sensação de que eu estava cagada de urubu e começar a enxergar a vida com mais leveza. Depois, também comecei a estudar. Queria entender como eu, uma mulher com uma mente tão aberta, tinha me metido numa enrascada daquelas. Pesquisei muito, li de tudo. Compreendi que os abusadores geralmente sofrem de um transtorno de personalidade chamado narcisismo perverso. Só assim, entendendo com quem eu havia passado os últimos vinte anos da minha vida, pude me livrar de toneladas de culpa e autoflagelação.

Para resgatar a Dani de verdade, também precisei compreender quem eu era, quem havia me tornado e quem eu queria ser dali para frente, assim como quais sonhos eu queria manter e quais já não cabiam mais em mim. Fui em busca de aprender coisas novas, de dar um novo sentido para a minha vida. Acredito que a capacitação é uma poderosa ferramenta de empoderamento: o conhecimento traz independência, faz com que nos sintamos confiantes e valiosas. Por isso, busquei cursos em áreas que sempre me atraíram. Toda vez que a coisa apertava, eu pensava: "Já estraguei um Picasso original e sobrevivi. Vai ficar tudo bem". E, quando estava prestes a ter um piripaque, catava as moedinhas e ia fazer uma massagem no clube.

É claro que tive muita sorte em contar com o apoio da minha mãe, sem a qual muitas dessas conquistas não teriam sido possíveis. A boa notícia, no entanto, é que hoje existem ainda mais alternativas. Além de cursos disponíveis na internet, muitos deles gratuitos, há várias faculdades e grupos de apoio que oferecem tratamento psicológico sem custo ou por um valor simbólico. Outra iniciativa espetacular é a ONG Mapa do Acolhimento,* que não só mapeia os serviços públicos de proteção às mulheres disponíveis em território nacional como reúne, também, advogadas e psicólogas de todo o Brasil, colocando-as em contato com vítimas de violência independentemente da região onde se encontram. Seja qual for a rede de apoio escolhida, o importante é não deixar de buscar ajuda, pois isso muda vidas.

Admitir meus traumas e encará-los foi o que me deu forças para enfrentar os medos e inseguranças que tanto minaram minha autoestima. Me sentindo mais confiante, comecei a me conectar com pessoas do bem, que agregavam na minha vida e com quem eu tinha verdadeira afinidade. Isso não me custou dinheiro algum. Nessa época, entrei em contato com uma amiga da faculdade que havia dado uma guinada na vida após os 40. Eu queria conhecer sua história. Fomos apenas tomar um café, mas saí de lá inspirada e matriculada em um curso de Psicologia Positiva. Ainda não sabia o que faria com aquilo, muito menos como iria pagar, mas tinha certeza de que me traria muitos benefícios, mesmo que pessoais. Foram meses buscando o autoconhecimento até sair daquela espiral de negatividade em que eu havia entrado, sempre achando que nada na minha vida dava certo. Hoje, posso dizer que isso também me salvou.

Pouco tempo depois, recebi um convite dessa mesma amiga para dar uma palestra no Fuckup Nights,** um evento internacional em que pessoas compartilham suas histórias estrondosas de fracasso e viagens ao fundo do poço. Fui uma delas, apesar do meu pavor de falar em público. Enfrentei meus fantasmas e topei participar. Sabe aquele povo que não pode ver um vexame que já pensa: "Tá muito amarrotado, vou passar"? Sou dessas. Não via problema algum em expor meus podres ali no palco, e passaria a vergonha no débito se fosse preciso. Acabou sendo libertador, e amei aquela experiência.

---

* Saiba mais em: <www.mapadoacolhimento.org>.

** Saiba mais em: <www.fuckupnights.com>.

No dia seguinte, a mãe de uma coleguinha da Ava, que até então eu não conhecia, me parou na escola para dizer que tinha me visto no evento, e que se arrepiou ao me ouvir falar. Nunca imaginei que o pesadelo que eu havia vivido poderia tocar o coração das pessoas de alguma forma. Aquilo me comoveu tanto que comecei a chorar no caminho para casa.

Os meses que se seguiram foram de um crescimento sutil, mas constante. Passei a dar mais valor às pequenas coisas da vida, a agradecer mais pelo que eu havia conquistado, a olhar com mais bondade para as minhas falhas. Acima de tudo, entendi que autoestima não diz respeito apenas à aparência física, mas à compreensão de que, apesar dos obstáculos, você dá conta, você é capaz.

Precisei de muito tempo para juntar os cacos, é verdade. Comecei prometendo que levantaria da cama "só por hoje". Então, dando um passo de cada vez, um dia me focava em pentear os cabelos; no outro, em levar as meninas para a escola. Comecei a sentir saudades de rua, de gente, de mim. De repente, estava cortando o cabelo. Fazendo as minhas unhas. Retomando algumas atividades no escritório. Conquistando novos clientes. Cumprindo todos os compromissos da agenda. Quando percebi, estava dando uma nova chance ao amor, investindo nos meus estudos, ressignificando o que era ser eu. Todos esses esforços resultaram na criação do Eu Disse Não,[*] projeto dedicado a ajudar mulheres em situação de vulnerabilidade e vítimas de violência doméstica a resgatarem sua autoestima. Aos 47 anos, me vi recomeçando e corajosamente fazendo uma transição de carreira. Comecei a dar palestras e entrevistas para a TV, compartilhando o que aprendi ao longo dessa jornada. Mas, se tivesse pensado no esforço necessário para chegar até aqui, eu não teria levantado da cama "só por hoje". Eu simplesmente ia lá e fazia o que precisava ser feito. Meio que arrastada, mas fazia. Lá atrás, meus planos para o futuro eram planos para o "daqui a pouco", no máximo para o amanhã. Então, a sensação de dever cumprido passou a me trazer disposição. As pequenas decisões que tomei com o coração me ajudaram a criar um caminho transparente e verdadeiro. Falta muita coisa? É claro! Mas, hoje, tenho a convicção de que chegarei lá.

---

[*] Saiba mais em: <www.eudissenao.com> e <www.instagram.com/eudissenao_>.

No final das contas, cada um tem sua receitinha para recuperar a autoestima e reencontrar a felicidade, mas é essencial fazer pequenas coisas todos os dias para informar seu cérebro e sua alma de que você é capaz de lidar com qualquer pepino, independentemente do tamanho. Hoje sei que, se o bicho pegar, eu dou conta. Do meu jeito meio destrambelhado e impulsivo, mas dou. Aliás, aceitar você por completo, com seus defeitos e qualidades, também é parte do exercício de autoconhecimento. Para que uma mudança seja efetiva, afinal, é preciso antes reconhecer o que incomoda, escolhendo aquilo que podemos – e queremos – mudar. Eu, por exemplo, tenho certeza de que evoluí muito, mas certas coisas simplesmente não mudam. Quantas vezes prometi que seria mais discretinha e menos manoteira só para, no minuto seguinte, PLAU! Lá estou eu arrotando palavrões e chocando meio mundo com minha falta de noção. Mesmo assim, quando chego em casa e me olho no espelho, eu gosto de quem vejo.

Nesses últimos anos, pode ser até que você já tenha ouvido falar de mim. É que minha fama correu solta durante muito tempo. Me chamam de "Tsudani", Dani Furacão, mãe do vento e espalha-brasa. Sou a vadia, piranha, oportunista, doida, desgraçada, vingativa, insuportável, manipuladora, infiel, mulher de malandro, mãe negligente. A leviana que traiu o marido apaixonado e pai provedor após quase vinte anos de casados. A aproveitadora que se casou por dinheiro. Aquelazinha que tentou tirar cada centavo dele no divórcio. A puta louca que levou uma das empresas do ex-marido à falência por puro revanchismo.

Sou a mulher que passou por todos os tipos de abuso previstos pela Lei Maria da Penha. A que teve coragem de botar a cara a tapa para expor como funciona um relacionamento abusivo. A mulher que ousou dizer não e enfrentou as consequências.

Muito prazer, meu nome é Daniela. Mas pode me chamar do que quiser. Eu já não ligo mais. ■

CAPÍTULO 29

NO DIA 8 de julho de 2017, um sábado, Tadeu me pediu em casamento. E logo eu, que tanto disse que "dessa água não bebereis", não só bebereis como também nadareis e mergulhareis.

Eu aceitei! ■

FINAL

EU JÁ me despedi de muitas coisas na minha vida. Já disse adeus a pessoas, ciclos, lugares e situações. Todas as vezes em que isso aconteceu, foi como um apocalipse íntimo. Para absorver a ausência, vesti a capa sombria do luto e me permiti ser humana em cada dor, lágrima e cicatriz. Não importa se foram escolhas conscientes ou forçadas goela abaixo: despedidas e renúncias são sempre doídas, mesmo quando necessárias e libertadoras.

O medo do desconhecido nos força a olhar para dentro, a sair do automático. Para escolher caminhos mais coerentes e felizes, é preciso se conhecer. O novo é sempre um pulo no abismo. E esse pulo pode significar tanto um voo para a liberdade quanto um mergulho no inferno – tudo depende da perspectiva.

Estar à mercê do futuro é um ato de coragem, mas também uma oportunidade única de reinventar a própria história. Quando abrimos nossas mentes e nossos corações, quando aceitamos que o mistério da vida está na ausência de certezas e que cada trecho dessa caminhada oferece múltiplas possibilidades, passamos a desenhar um enredo cheio de beleza e significado.

Lidar com a imprevisibilidade nos traz resiliência, e cair da corda bamba é inevitável. Mas é possível se levantar de cabeça erguida quantas vezes forem necessárias. Afinal, encarar o incômodo vem com um bônus: a possibilidade de fazer diferente. Muitos não enxergam, ou não querem enxergar que, na maioria das vezes, a zona de conforto é de um desconforto tremendo. Sair da gaiola pode até gerar insegurança, mas acredite: em algum momento, tudo volta a ser seguro. Pelo menos até a próxima surpresa, porque a vida não pede nossa opinião para acontecer.

Rever valores, reconhecer erros e retraçar rotas é a ponte que nos leva ao crescimento pessoal – um processo necessário, e talvez a única forma de caminhar, a passos largos, em direção à tão sonhada felicidade.

Ao conhecerem minha história, muitos perguntam como consegui chegar até aqui inteira. A verdade é que, quando olho para trás e vejo tudo em perspectiva, nem eu mesma sei dizer.

Durante a escrita deste livro, quando comecei a desarquivar as toneladas de processos, e-mails, boletins de ocorrência, mensagens, entre outras provas, é que pude ter uma noção real de toda a porrada que havia tomado. Na época, afundada até a cabeça em tantos problemas, eu só queria seguir em frente. Não tinha dimensão do todo. Agora, aqueles registros provavam minha lucidez. Pude ver que sempre tive plena consciência de que havia algo muito errado no que eu vivia. Só não sabia que nome dar para aquilo ainda, já que ninguém falava sobre relacionamento abusivo.

Além da pouca visibilidade do assunto e da falta de informação, eu vivia sendo invalidada pelo meu ex. As ofensas, sempre as mesmas: louca, histérica, exagerada, ingrata, interesseira e outras tantas alcunhas machistas usadas para taxar as mulheres como desequilibradas e instáveis. Perdi a conta de quantas vezes me perguntei se não estava mesmo me deixando levar pela emoção ao invés da razão, e sentia muito medo de estar sendo dura ou injusta com ele. Mas está tudo lá para provar que a louca nunca fui eu.

Por muito tempo, tudo que fiz foi sobreviver. Me preocupava apenas em chegar ao dia seguinte, tentando me manter firme pelas minhas filhas. Autoestima, porém, já não existia, muito menos estrutura psicológica para vislumbrar uma luz no fim do túnel. Estava cega pela culpa – culpa por ter deixado as coisas chegarem àquele ponto, por ter envolvido minha família nos meus problemas, por não ter tempo, dinheiro ou energia para criar as meninas como eu gostaria. Hoje, entendo que fiz o melhor que podia naquelas circunstâncias.

Quando iniciei a terapia, passei a investigar minha trajetória mais a fundo. Queria descobrir em que ponto havia me tornado personagem secundária da minha história. Para lembrar quem eu era antes do relacionamento, precisei me conhecer de novo, redescobrindo o que eu fazia e que realmente me dava prazer, as músicas que ouvia, os livros que lia, os sonhos que havia deixado para trás. Para onde tinha ido tudo isso? Como consegui me perder tanto assim de mim? Essas são perguntas difíceis de se fazer, e demora até encontrarmos respostas. Isso para não falar na dor de revisitar todos os seus piores medos, traumas, inseguranças. Mesmo assim, me re-conhecer foi a melhor coisa que aconteceu comigo.

Foi tudo aos pouquinhos, mas é assim que as grandes transformações acontecem – um passo de cada vez. O primeiro deles foi aceitar que a minha vida "estava", e não que "era" um completo desastre. A partir desse entendimento, me dei conta de que tinha, sim, um problema grave em mãos, mas que podia resolvê-lo se buscasse a ajuda necessária. Com muito estudo e terapia, então, comecei a trabalhar a autoestima como ferramenta de empoderamento.

Apesar de tantos falarem sobre a importância da autoestima, na prática, muitas vezes nos deparamos com pessoas incríveis, mas sem a mínima consciência do próprio valor. Por quê? Simples: a autoestima vai muito além de um corpo sarado ou um cabelo lindo. Trata-se de um ato de coragem, uma força que nos faz voltar o olhar para dentro e enxergar não apenas nossos pontos fortes, mas também as fragilidades e defeitos. Essa força é fruto da admiração e da confiança que nutrimos por nós mesmos, e para alcançá-la é necessário embarcar em uma jornada, muitas vezes dolorosa, de autoconhecimento, autocompaixão e autoaceitação – nessa ordem. Muitos passam a vida tentando se encaixar em rótulos, esquecendo-se de quem realmente são e do que os faz verdadeiramente felizes. Eu, que já estive nesse barco, posso dizer que isso é uma tremenda perda de tempo. Nossa beleza, nossa luz interior, está justamente no que nos faz únicos – e minha experiência me fazia única.

Ao trabalhar minha autoestima, me livrei da dependência nada saudável do outro, da carência excessiva, do vitimismo e da solidão. Aprendi, também, a impor limites e encerrar situações que poderiam me levar de volta a relacionamentos abusivos. A única coisa que o amor-próprio não faz é a mágica de garantir escolhas perfeitas e uma vida isenta de erros. Mas ele proporciona uma coisa única: a resiliência para erguer a cabeça e aprender com os erros, que nos permite evoluir cada dia mais.

Sei que, por ser grandiosa, essa jornada pode parecer assustadora, mas acredite: você vale cada segundo desse esforço. Você tem apenas que respirar fundo, dar o primeiro passo e dizer: "Eu sou digna de ser feliz. Eu sou digna de ser amada e de receber o melhor". Porque você merece encontrar felicidade, amor e sucesso.

A figura da mulher enquanto "sexo frágil", sempre gentil, carinhosa, compreensiva, moldada para cultuar o amor romântico em que, após muito esforço e luta, há um "felizes para sempre", precisa acabar. Relacionamentos abusivos são uma montanha-russa emocional. Um *looping* infinito de agressões seguido de pedidos de desculpas e juras de amor que só culminam em mais destruição. Nada num relacionamento abusivo é real, nem o amor. Na verdade, somente a dor é real – e muito. Entenda que viver em busca de um conto de fadas nos leva a decisões equivocadas em que, para priorizar o outro ou o relacionamento, aceitamos menos do que merecemos. Destruir esses castelos de areia não é fácil. Grande parte dos relacionamentos violentos costuma se arrastar por muito tempo, e, mesmo após o término, é comum que chantagens e coações convençam a vítima a voltar. Já não sei dizer quantas vezes meu ex ameaçou me perseguir, acabar com a minha vida e com a própria, deixar nossas filhas sem comida e escola, para me fazer ficar. E sempre que eu cedia, acreditando, por uma esperança cega, que daquela vez seria diferente, só estendia o sofrimento, me afundando ainda mais naquela areia movediça de manipulação e falsas promessas.

É preciso coragem e é preciso, sim, muita força de vontade porque sabemos que uma alta porcentagem de relacionamentos abusivos pode se arrastar por muito, muito mais tempo do que o primeiro término. As ameaças, coações e chantagens acabam te fazendo ficar. "Se você terminar, eu vou acabar com sua vida", "Eu vou deixar você passar fome e nossos filhos vão ter de morar comigo"; "Eu te mato e depois me mato"; e por aí vai. Não estenda o sofrimento e não perca um tempo precioso na sua vida achando que aquilo vai melhorar porque não melhora. Pelo contrário, só piora e numa proporção alarmante.

Apesar de todas as dificuldades, também existem algumas certezas. Em seu livro *A coragem de ser imperfeito*, a professora e pesquisadora Brené Brown conta que as vítimas que conseguem trazer sua vulnerabilidade à tona, encarando-a e curando aonde dói, raramente voltam à estaca zero.

Ao entender como nossas sombras se comportam, ganhamos força para enfrentá-las. Uma vez alcançada, essa força não se esvai.

Por muito tempo, fui uma vítima. Coloquei minha vida nas mãos de outra pessoa sem saber que, ao abrir mão desse direito, permitia que ditassem meu destino. Me vendo pelo olhar de outro, por muito tempo acreditei ser incapaz de lutar, e quase desisti de muita coisa importante. Mas, quando essa ilusão foi finalmente desfeita, quando me olhei fora das lentes tortas do relacionamento, pude retomar o controle. A verdade é que fomos, e seguimos sendo culturalmente massacradas para acreditar que nosso sucesso depende diretamente de estarmos em um casamento ou relacionamento estável. Agora, sou eu quem escreve minha história, e adivinha? Enterrei meu papel de vítima junto de cada resquício de ilusão. Tirei meus monstros do armário e desmistifiquei o abusador. Só assim pude fechar as feridas.

Sem dúvidas, a coisa mais difícil que tive que fazer foi aprender a dizer não. Impor limites a um narcisista perverso é o que garantirá sua sobrevivência. Por isso, mantenha-se firme nas suas decisões. Quanto mais cedo começar seu processo de cura física e emocional, mais rápido você se livrará de uma situação abusiva. Então, quando menos esperar, estará batendo no peito e bradando com orgulho: "Eu consegui! Eu disse não!".

·

● 18 DE JANEIRO DE 2018

Em 18 de janeiro de 2014, minha vida foi arrombada. Cheia de hematomas no corpo e na alma, nesse dia morri para quem eu era. Mas, mesmo destruída, precisei encontrar forças para enfrentar um furacão que já durava anos, vindo na minha direção a 300 km/h.

Passei os últimos quarenta e oito meses como um joão-bobo, balançando pra lá e pra cá, mas sem conseguir sair do lugar. No primeiro ano, tudo que fiz foi me defender e sobreviver. No segundo, culpei a todos pelas minhas escolhas erradas – eu, os outros, a vida, o maldito carma. No terceiro, comecei a buscar, no lugar certo, quem eu era de verdade – que parte daquela Dani eu queria resgatar e que parte queria dar adeus. No quarto, muito mais segura e confiante, comecei a me reinventar como mulher e profissional.

Nesse meio tempo, reaprendi a amar, juntei os cacos e remendei as cicatrizes como no *kintsugi*, aquela técnica japonesa centenária que consiste em reparar peças de cerâmica quebradas com ouro. Ao fazer isso, dei um passo crucial em direção ao futuro, saindo da posição de vítima e me colocando como autora da minha vida. Havia finalmente entendido que a melhor coisa a ser feita era aceitar minha vulnerabilidade e honrar minha história.

O orgulho de cada passo dado a partir daí me fez a Dani forte que sou hoje. Admito, com tranquilidade, que minhas cicatrizes me tornaram essa pessoa magnificamente imperfeita. Minhas antigas fraquezas são, agora, minha fortaleza. Ao longo desse caminho, descobri também que cura e doação andam juntas. Por isso, quero ajudar mulheres que passaram por relacionamentos abusivos a resgatar sua autoestima e a praticar a autocompaixão.

Em 2017, me certifiquei em Psicologia Positiva e iniciei um processo maravilhoso de ressignificação. Hoje, um ano depois, comecei um curso de formação em *coach* e lancei meus novos sonhos e propósitos ao universo. E qual não foi minha surpresa ao perceber que, hoje, faz exatamente quatro anos que morri para nascer de novo? Pois é. O universo conspira quando seguimos um propósito, quando buscamos uma vida mais plena e cheia de significado.

Parabenizo a mim, pela resiliência, e agradeço a cada um que me ajudou com sua parcela de amor e sabedoria. Deixo, também, meu muito obrigada à vida, que me mostrou que cada dia é um milagre mesmo quando nossa fé parece ter estado adormecida por tanto tempo. Sincronicidade existe – basta abrir os olhos e escutar com o coração. ■

Carta para a Daniela do futuro: exercício do curso

Querida menina,

Desejo que daqui pra frente sua única preocupação seja o aumento incessante das suas asas, que te levarão tão alto e tão longe. Seus sonhos ganharam vida, luz, cor, brilho, gosto, cheiro e forma.

Portanto, acalme-se. O pior já passou, e foi um período de rica e necessária aprendizagem. Tudo vai se ajeitar.

Suas filhas se tornarão mulheres maravilhosas, farão escolhas sábias que as trarão inúmeras alegrias no decorrer da vida. Você terá orgulho do que conseguiu ensinar a elas. Foram mais acertos do que erros.

Perdoe-se pelas pessoas que, mesmo sem querer, você magoou. O tempo dirá a elas que não foi sua intenção.

Pare de se culpar por coisas que não foram provocadas por você. Isente-se desse tipo de responsabilidade.

Assuma o controle da sua vida, mas não tente controlar o que não pode ser mudado.

Apesar de o dinheiro ser uma preocupação hoje, saiba que você conseguirá encontrar um novo propósito e que as coisas ainda irão fluir. A independência financeira virá a seu tempo, e o "ter" poderá, finalmente, tomar seu devido lugar como coadjuvante do "ser".

Nunca perca sua capacidade mágica de se deslumbrar com as pequenas coisas – foi essa postura que te trouxe até aqui. A juventude é um estado da alma, não do corpo. Por isso, aos 110 anos, você continua sendo uma garota. Mas isso não é desculpa pra deixar de fazer atividade física, ok? Ache alguma coisa que te dê prazer e movimente-se.

Ah, e não se esqueça de estabelecer uma relação mais saudável com a comida. Só assim você conseguirá perder os quilos que ganhou. Não se trata mais de ter um corpaço aos 44 anos ou de travar guerra às celulites, e sim de conseguir viajar de moto, pelo menos, até os 110 anos de idade.

Nunca deixe para se arrepender depois que uma pessoa se for. Resolva as pendengas antes.

Nessa fase da vida, cuide para gritar menos e ouvir mais. Ninguém precisa ser uma tempestade de verão para sempre – uma brisa de primavera também tem seu lugar.

Aliás, fico feliz que esteja aprendendo a dizer não para o que não vale a pena e sim para o que te faz sorrir, independentemente de julgamentos alheios. É libertador, não é?

Deixo, agora, um último conselho: o tempo e a vida só valem a pena se existe amor. Recheie seus dias de felicidade e bons momentos. Ame, seja amada, elogie, agregue, ajude, cerque-se de positividade e só olhe para trás para agradecer. O futuro é maravilhoso, e você está no caminho certo.

Eu amo você. E me orgulho imensamente de todos os seus passos.

Dani

ANEXO 1

DESOPILANDO O FÍGADO

Bom humor, apesar do sarcasmo, é uma das minhas características mais fortes. Por isso, sempre que me sinto atolada na lama, lembro que existem pessoas que pagam horrores por um banho de lama sulfurosa, que é praticamente a mesma coisa.

Ao longo dessa trajetória de superação, minhas filhas me ajudaram muito a manter as risadas e a alegria. Sem elas, eu certamente teria afundado. Os anexos abaixo reúnem algumas das maiores pérolas que elas me deram. Espero que, assim como eu, vocês consigam desopilar o fígado com essa deliciosa inocência juvenil.

Facebook
14 de novembro de 2013
Hoje minha filha me perguntou se eu era cruzeirense ou galoense... Acho que ela quis dizer atleticana.
Respondi que eu era *nonsense*.

Facebook
23 de novembro de 2013
Sempre ensinei para as meninas que elas devem ser autênticas e não se importar com que os outros pensam. Aí hoje a Cloé queria sair com um mega brincão que eu emprestei para ela usar em casa. Eu disse que não deixaria ela ir para a festa igual a uma baiana de aeroporto, daquelas todas caracterizadas, que ficam distribuindo fitinha do Bonfim. Sabe o que ela respondeu? "Mãe, o importante é que eu estou me sentindo bem." E saiu com uma árvore de Natal pendurada na orelha.
Toma, distraída!

Facebook
30 de novembro de 2013

Minha filhota já passou pela fase da artista circense, guitarrista, judoca, e agora resolveu seguir carreira de bailarina. O problema é que ela passou a fazer tudo piruetando, seja em casa, na escola, no shopping.
Já tomei soco no olho, chute na barriga... Quando ela levanta a perna, parece o Van Damme!
Estou quase saindo de casa com uma placa: "Cuidado! Pião desgovernado à frente".

Facebook
5 de dezembro de 2013

Minha pequenininha pediu pra tomar uma "bucha" fria porque tá fazendo calor!

Facebook
5 de dezembro de 2013

De uns tempos pra cá, quando estou no trânsito com as meninas, toda vez que a Cloé vê uma bandeira do Atlético ela abre a janela e grita: "GAAAAALOOOOO! ". Hoje a Ava resolveu participar da farra, e logo depois da gritaria da Cloé, também abriu a janela e gritou: "GALINHAAAAA!". Superentendidas de futebol essas meninas!

Facebook
23 de dezembro de 2013

Como se minhas filhas já não falassem que chega, e sem parar, elas agora estão com mania de latir. É isso mesmo, produção?

Facebook
2 de janeiro de 2014

Hoje, na praia, a Cloé apareceu com um "buquê" de flores e algas que achou no mar. Faltou só a vela. Espero que Iemanjá não me amaldiçoe por ter aceitado o "mimo".

Facebook
5 de janeiro de 2014

Cloé resolveu pegar jacaré, mas tá parecendo é um míssil nuclear submarino, trombando e derrubando tudo que vê pela frente. Numa dessas, ela levanta com o cabelo todo na cara, o biquíni torto e a boca cheia de areia, e diz: "Mãe, você viu a sopa que eu acabei de tomar?". Hahahaha! Ela quis dizer caldo!

Facebook
8 de janeiro de 2014

Cloé acaba de descobrir que biquíni tomara-que-caia não combina com mar bravo. O primeiro *topless* involuntário da vida a gente nunca esquece.

Facebook
10 de janeiro de 2014

Ava rezando ontem à noite: "Papai do Céu, proteja minha família, e por favor faça com que minha mãe comece a me obedecer!".

Facebook
29 de janeiro de 2014

Minha filha de 5 anos veio se queixando o caminho todo de que o sol está queimando suas PUPILAS.
Botaram essa menina na faculdade e eu não tô sabendo!

Facebook
17 de fevereiro de 2014

Minha filha aaaaama repolho.
Minha filha comeu uns 5 kg de repolho hoje.
Minha filha já avisou que vai dormir comigo.

Facebook
2 de março de 2014

A Ava, minha filhotinha, quer que eu compre um GNOMO pra ela lutar caratê! Hahahahaha!

Facebook
3 de março de 2014

Ava viu um filme antigo e agora quer saber se antigamente o mundo também era preto e branco :)

Facebook
4 de março de 2014

Cena cotidiana: Ava, do alto de seus quase 6 anos, discorre sobre a lei da gravidade, explicando que os anéis de Saturno são formados por gelo e poeira e comentando que o vigia da escola é muito simpático (sim, ela usou essa palavra!).
Após deixar todo mundo boquiaberto, ela vira pra irmã mais velha e fala: "Cloé, você deveria tomar leite. Faz muito bem pros ossos".
Nesse instante, Cloé começa a berrar com uma voz cavernosa: "Paaara, Ava, você tá me assustando! Tô começando a ter meeeeeedo de você!".
Minhas filhas são umas figuras!

Facebook
15 de abril de 2014

Para Ava, minha filhota de 5 anos, Islândia e Uberlândia são o mesmíssimo lugar. Hahahaha!

Facebook
5 de maio de 2014

Hoje Ava inventou uma modalidade esotérica de Pai Nosso: "Pai Nosso Cristais no Céu".

Facebook
8 de maio de 2014

Ava acabou de me perguntar se o Cruzeiro jogou ontem com o "Flamingo"!

Facebook
22 de maio de 2014

E quando eu falei com a Cloé que nota boa mesmo é 10, ela me respondeu: "Ahhh, mãe, o 10 é uma lenda!".

Facebook
22 de maio de 2014

Enquanto isso, Ava, aquela que reza misticamente o "Pai Nosso Cristais no Céu", se declarou para mim: "Mamãe, te amo infinito e a lenha... Mas por que botam fogo no infinito, mamãe?".

Facebook
22 de junho de 2014

Enquanto eu assistia aos jogos da Copa, disse que o Irã podia ter continuado só pra eu ver aquelas belezuras correndo pra lá e pra cá. Aí a Ava entra de gaiata na conversa e me solta essa: "Pois eu, mamãe, torço pro Brasil e pra Ôropa". Kkkkkkk! Pode morder???

Facebook
17 de setembro de 2014

– Cloé, sai da piscina e vem tomar banho, por que todo mundo já foi embora!
– Mãe, a gente não é todo mundo!
O que fazer quando a criança aprende que a argumentação é uma via de mão dupla?

Facebook
30 de setembro de 2014

Minha filhota deitou a cabeça na minha bunda e disse que estava ouvindo meu coração bater. Que coisa maravilhosa descobrir onde foram parar meus sentimentos românticos!

Facebook
8 de outubro de 2014

"Mamãe, sua comida é esplêndida! Mamãe... o que significa esplêndida?"

Facebook
4 de novembro de 2014

Ouvindo uma briga entre minhas filhas: Cloé, a mais velha, quer comandar (sem muito sucesso) a mais nova, e ameaçou dar nela um beliscão: "Ava, se você não catar essa bagunça AGORA, eu vou te beliscar até você virar aquele quadro do Grito! Você conhece esse quadro???".
E a Ava com cara de paisagem, sem entender bulhufas do que ela tava falando! Kkkkkkk

Facebook
6 de novembro de 2014

Pergunta do dia: "Mãe, como o sol sabe que é horário de verão?".

Facebook
27 de novembro de 2014

Minha filha Cloé participou de uma apresentação na escola. Na vez dela, foi até o microfone e tentou regular o pedestal pra sua altura. Só que ela não conseguiu, e esquecendo que microfone é microfone, soltou um "que saco" que era pra sair baixinho, mas deu pra ouvir até em Quiprocó do Norte. O teatro veio abaixo! Foi uma cena bem Sílvio Santos.
Essa menina precisa parar de expressar seus pensamentos em voz alta. Não sei quem ela puxou.

Facebook
11 de dezembro de 2014

Eu falando sobre Einstein pra minha filha: "Ele era um gênio, Cloé. Não era uma pessoa como as outras".
E ela: "Tá me chamando de burra, mãe?!".
E a emenda, pior que o soneto: "Lógico que não, filhota. Ele também não era muito fã de escola!".

Facebook
10 de janeiro de 2015

Cloé desvendando o misterioso universo da maquiagem: "Mamãe, pra que serve isso?".
Eu: "Corretivo para olheiras".
Um minuto depois, entro no banheiro e vejo a marmota passando o cosmético... na orelha!

Facebook
18 de janeiro de 2015

As meninas querem ir num "rodeio" de pizza. Hahahaha! Tá certo. Tem restaurante que a gente precisa chamar o garçom na laçada mesmo.

Facebook
11 de fevereiro de 2015

Dica do dia: nunca faça o dever de casa com sua filha de 6 anos e trabalhe ao mesmo tempo. Acabei de ligar para uma pessoa e dizer "oi, elefante!".

Facebook
28 de maio de 2015

Proibi as meninas de assistir TV. Minha filha mais nova, no auge da revolta dos seus 6 anos, disse: "Você é uma bruxa! Nunca mais quero falar com você!".
Cinco minutos depois:
"Mãaaaae, cadê a vassoura pra eu brincar?"

Facebook
26 de novembro de 2015

Minha filha de 7 anos aprendeu na escola a cantar a música *Um milhão de amigos*, do "Bernardo" Carlos. Alguém conhece?

Facebook
16 de fevereiro de 2016

– Mãe, quando alguém compra um carro novo, eles oferecem champanhe?
Socorro, de onde essa menina tira essas ideias? Meu carro tem duzentos anos... Cuméquieuvôsabê? Mas bebida e direção não combinam, né? Então respondo:
– Acho que não, filha.
– Mas nem uma cervejinha???
Hahahahaha!

Facebook
2 de abril de 2016

Minha Ava: "Mãe, como chama mesmo aquele Mineirão lá de Roma?". Era o Coliseu! Kkkkkkk

Facebook
15 de abril de 2016

Tenho um cachorro que dá pulos mega altos quando me vê. Segundo minha filha, é porque ele é "modelo esportivo".

Facebook
19 de abril de 2016

Ava tá aqui tentando me mostrar que sabe sambar, mas, na verdade, acaba de me provar que nossa malemolência é genética (e nula).

Facebook
29 de abril de 2016

Ava reclamando do recreio: "É muito injusto, mãe! Meu recreio tem trinta minutos e o da Cloé meia hora!!!".

Facebook
5 de maio de 2016

Minha mãe sempre põe música clássica para as meninas. Hoje, Ava deu o berro: "Mãe, a vovó faz a gente ficar ouvindo aquele Choprams!".
Deduzi que ela ouviu bastante Chopin e Brahms.

Facebook
23 de maio de 2016

Ava definitivamente não existe. Chegou aqui na sala com a calça lá nos peitos. Perguntei:
– O que é isso, minha filha?
E ela:
– Igual idoso: quanto mais alta a calça, maior o respeito.

Facebook
28 de maio de 2016

Cloé acaba de dar um pedaço de frango pra galinha comer. Só pra "fazer um teste"...

Facebook
13 de junho de 2016

Ava, num momento de petulância extrema, falou "shhh" pra mim na hora do desenho preferido dela.
Eu reagindo: "Vai pro banho sim, senhora, e nem vem fazer xixi pra mim nãooooo!".

Facebook
16 de junho de 2016

Cloé tá naquela fase do início da adolescência em que seu quarto é o seu mundo. Na busca pela personalização perfeita desse universo paralelo, ela junta uma tranqueirada infinita nas prateleiras para "decorar" do jeito dela. Quando começo a perder a paciência com a bagunça, lembro que no meu quarto tinha até samambaia e peixe. Aí, engulo seco as três toneladas de poeira que estão juntando nos quinhentos potes de canetinha, giz de cera, fotos, recortes, enfeitinhos que ela mesma criou, artesanato brega e meias esquecidas pelos cantos.

Facebook
27 de junho de 2016

Cloé chegou em casa com uma advertência da professora, reclamando que ela estava colorindo durante as aulas. Fui conferir. Na verdade, ela estava se esmerando no capricho do caderno. Achei injusto. Então, ao assinar dando ciência do ocorrido, mandei meu recadinho: colori tuuuuudo, inclusive minha assinatura, que tinha até arco-íris. Para bom entendedor, pingo é letra!

Facebook
15 de julho de 2016

Ava quer saber o que é rock "palmeira" (ou rock pauleira, traduzido do "avanês").

Facebook
27 de julho de 2016

Toda vez que tenho uma crise de tosse, vem a Ava, meu amorzinho, dar três tapinhas pra eu melhorar. Às vezes ela bate nas costas, outras vezes no joelho, nos pés, na cabeça... Rsrsrs

Facebook
12 de setembro de 2016

Ava me mandou dormir pra não ficar com essas "orelhas" enormes. Hahahaha!

Facebook
27 de setembro de 2016

A polícia montou uma unidade operacional na entrada do meu bairro e colocou um pequeno trailer lá.
Ava está me questionando por que botaram o guarda pra fazer sanduíche! Me abanem, porque vou rir até amanhã!

Facebook
28 de setembro de 2016

Ava derrubou o cesto de roupas limpas e fez a maior bagunça. Claro que dei uma bronca daquelas. Então, a boquinha dela fez um "U" invertido e caíram duas lágrimas dos olhinhos.
Amoleci na mesma hora, e perguntei: "Mas precisa chorar por essa bronquinha de nada?".
E ela: "É culpa do meu signo, mamãe. Ele me deixa supersensível".
Ava é canceriana.
Eu amo tanto essas minhas filhas que até dói!

Facebook
2 de outubro de 2016

Ava e eu brincando de lojinha. Ela me pede o cartão de crédito. Dou um imaginário, que ela passa na maquininha imaginária.
Ela: "Sua senha, senhora".
Digito uma senha qualquer, imaginária.
Ela: "Seu cartão está bloqueado, senhora. Mas eu aceito cheque".
A arte sempre imitando a vida.
#ondeessameninaaprendeessascoisas
#campanhapelodesbloqueiodomeucartao

Facebook
21 de novembro de 2016

Essa madrugada, acordei com medo do escuro e fui dormir com minhas filhas. O mundo dá voltas, não é mesmo???

Facebook
22 de novembro de 2016

Minhas filhas me ensinando a ser elegante: não pode andar descabelada, não pode deixar papel embolado desde 1815 na bolsa, tem que se vestir com estilo para buscar na escola (sempre vou mulambenta). No quesito casa arrumada (que eu nem sei o que é), tem que comprar milhões de potinhos pra guardar cada tipo de coisa.
Alguém arruma outra mãe para essas meninas, porque essa aí nunca serei eu.

Facebook
28 de novembro de 2016

Expliquei para as meninas que gosto é que nem bunda, cada um tem a sua. E elas complementaram: "Tipo a sua, que é gigantona, e a nossa, pequenininha".
Nada que umas dez sessões de terapia não resolvam.

Facebook
29 de novembro de 2016

Diálogo noturno:
– Mãe, você não tem noção do tanto que você é chata!
– Filhota, você não tem noção do tanto que eu ainda consigo piorar!

Facebook
10 de janeiro de 2017

Avemaria vir com as "minina" pra praia. É toda hora: "Mãe, cadê a canga? Mãe, tô com fome! Mãe, olha esse brinco de coco. Mãe, tô com fome! Mãe,

preciso de óculos de sol. Mãe, tô com fome! Mãe, me dá um picolé? Mãe, tô com fome!!!".
Onde desliga essas pestes?

Facebook
12 de janeiro de 2017

Ava só aceita passar protetor solar se for aquele "sabor uva". Parece que só ele protege contra os raios UVA...

Facebook
19 de janeiro de 2017

Estamos em Salvador, e só hoje Ava já perguntou quem é Ivete Sangalo umas dez vezes.
Vamos ser linchadas pelos baianos.

Facebook
22 de janeiro de 2017

Minha filha viu dois urubus biteludos nas rochas perto do mar.
– Olha, mamãe, pinguim!
Hahahaha!

Facebook
23 de janeiro de 2017

As meninas adoram mar calmo com acerola (ou marola).
#feriascomcrianças

Facebook
4 de março de 2017

Enquanto as outras menininhas de 8 anos desenham princesas, minha Ava desenha o apocalipse zumbi.
Acho que alguém me puxou!

Facebook
5 de março de 2017

Fui depilar e levei minha filha comigo. Antes de começar, entreguei o celular pra ela e falei: "Se tocar, você atende".
O telefone tocou e ouvi ela dizer: "A mamãe não pode atender agora. Ela tá muito ocupada falando 'ai!'".

Facebook
7 de março de 2017

Minha filha quer saber por que eu converso tanto sozinha. Eu disse que à tarde, quando ela estiver na escola, eu respondo!

Facebook
27 de março de 2017

Ava comeu um caroço de pipoca e disse que o piruá quase quebrou os mamilos dela.
Ela quis dizer molar!
Hahahaha, morrendo aqui!

Facebook
14 de maio de 2017

Dirigindo por uma estradinha e ouvindo o diálogo entre minhas filhas:
Ava, a mais nova: "Não estou vendo nenhuma moradia por aqui".
Cloé, a mais velha: "Deixa de ser estranha, menina! E para de usar essas palavras difíceis".

Facebook
8 de maio de 2017

Mais uma da Ava:
– Mãe, outro dia eu vi um cara fazendo xixi no poste.
– Ah, minha filha, homem é que nem cachorro. Não pode ver um poste que para pra fazer xixi.
– Não é, não, mamãe. Cachorro cheira o poste antes.

Facebook
16 de maio de 2017

Eu e minhas duas filhas (1+2) chegando para comer uma pizza:
Garçom: "São só vocês 4?".
Eu: "Só nós 3 mesmo, moço. O amiguinho imaginário ficou em casa hoje".
Minha filha, morta de vergonha: "Ôoooo mãe!!!".
Garçom: "Ó, é mesmo, desculpa! Mas da próxima vez traz o Gasparzinho".
Adoro gente que entra na onda!

Facebook
8 de agosto de 2017

Graças à Ava eu já conheço Despacito nas versões em espanhol, português, mandarim, aramaico, Minions, Donald Trump e Alvim e os esquilos.

Facebook
13 de agosto de 2017

Ava disse que, se fosse por ela, nunca haveria uma placa escrito "Ouro Perto" na estrada porque dá dica para os ladrões.
Claro que era Ouro Preto.

Facebook
22 de agosto de 2017

Ontem foi o aniversário de 13 anos da Cloé, leoazinha raiz.
De presente, ela pediu roupas ao invés de uma festinha. Segue relatório de uma conversa dela com a avó sobre a aventura na loja:

RAINHA DA PORRA TODA: A HISTÓRIA DA AUTOESTIMA

– Aí eu achei essa blusinha linda e cheia de brilho, mas que tinha um palavrãozinho básico, né vó? E pedi pra minha mãe: "Deixa mãe, por favor! Eu sei que você gostou também". E ela:
– De jeito nenhum! Você não tem idade pra usar blusa com palavrão!
Aí a vendedora foi me mostrar outras blusas. Vó, eu juro: trinta segundos depois, TRINTA SEGUNDOS, eu vejo minha mãe escondidinha no canto perguntando pra outra vendedora:
– Pssst...Tem G?

Facebook
10 de novembro de 2017

Estou com quatro adolescentes aqui em casa se arrumando para uma festa. Segue a conversa:
– Nossa escola parece uma prisão.
– Parece mesmo. Tem até banho de sol às 9h30.
...Deduzi que o "banho de sol" fosse a hora do recreio.

Facebook
8 de janeiro de 2018

Corajosamente, coloquei minha Ava para ver o filme *E.T.: O extraterrestre*. Agora preciso de dicas para conter a enxurrada de lágrimas e fechar os 3 km de boca aberta que urra indignada:
– O E.T. morreuuu??? Nunca mais quero ver esse filmeeeeeee!!!
Sim, eu tenho uma filha do signo de câncer.

Facebook
5 de fevereiro de 2018

Ava adora bichinhos fofinhos. Então, criei uma pasta no computador pra ela salvar as imagens que acha na internet. Um dia, abri pra ver. Tinha cachorrinhos, pandinhas, borboletinhas, gatinhos...
...e os elefantes.

Facebook
23 de maio de 2018

Danielices:
Cena 1: Ava me maquiou, me deixando pronta pro Halloween. Não tirei a make e voltei a trabalhar. Esqueci da vida.
Cena 2: a campainha toca. É a mãe da amiga da Cloé, que veio buscar a filha. Saio pra rua e ficamos meia hora batendo papo.
Cena 3: entro e olho no espelho.
Cena 4: ligo pra mãe perguntando por que ela não falou nada sobre a maquiagem. Ela responde: "Acabei de voltar de Londres, lá tem uma esquisitona em cada esquina. Achei que você tava radicalizando na make".

Facebook
25 de maio de 2018

Ava disse que estamos vivendo o ACOPSALYPSO!

Facebook
29 de maio de 2018

Mais uma da Ava: "Mamãe, estou com tercicólogo".

Facebook
7 de novembro de 2018

Falei com a minha filha sobre a importância de desapegar dos brinquedos que ela não usa mais.
A resposta dela: "Você não tem moral nenhuma pra falar. Tô igual a você, que não desapega das suas roupas de magra!".
Fuén, fuén, fuénnnn...

Facebook
20 de fevereiro de 2019

Ontem pus a Ava na cama, e hoje, quando acordei, ela estava dormindo ao meu lado.

– O que você tá fazendo aqui, boneca da mamãe?
– Vim te visitar à noite porque sou uma filha muito gentil.
E voltou a dormir! Resposta rápida. Senso de humor maravilhoso, mesmo às 6h da manhã.

Facebook
28 de fevereiro de 2019

Minha filha ontem pra mim: "Mãe, eu morro de orgulho de você".
Minha filha hoje pras amigas: "Minha mãe era a esquisitona da escola".
Adolescentes... Aff!

Facebook
6 de julho de 2019

Ava cismou que a TV ligou sozinha (fantaaasma), mas fui eu. Aí, quando entro no banheiro, ela tá lá no banho igual cantora de ópera: "Seguraaaaaaa na mãaaaaaaaoooo de Deeeeeeuuusssssss, seguraaaaaaa na mãaaaaaaaoooo de Deeeeeeuuussssss e vaaaaaiiiiii!".
De onde essa menina tira essas coisas, Gódi???

Facebook
21 de agosto de 2019

Carta para minha filha que hoje faz 15 anos:

Filha, eu sonhei a vida inteira em ter você e sua irmã. Mas nada me preparou para essa tarefa – a mais incrível e difícil do mundo – que é ser mãe. Sempre te conto que, quando olhei para o seu rostinho pela primeira vez, pensei: "Meu Deus, essa menina vai ser grande!". Hoje você faz 15 anos e está na sua jornada para se tornar uma grande pessoa. Com você, eu já errei e já acertei muito, mas hoje deixo aqui os conselhos que gostaria que você carregasse para a sua vida.

O primeiro deles: a vida é maravilhosa, mas é dura. Obstáculos fazem parte do caminho e são inevitáveis – a diferença é a forma como a gente lida com eles. Se forem vistos como aprendizado, então você já aprendeu metade das lições que vêm por aí. Tenha paciência e dê tempo às coisas. Tudo tem um porquê, e há sempre uma trajetória a ser seguida. Não busque atalhos, nem tente fugir. Enfrente a vida de cabeça erguida, com dignidade, como a boa leoazinha que você é.

Seja gentil com as pessoas. Seja educada sempre, e mesmo quando não gostar de alguém, respeite. Parta sempre do pressuposto de que as pessoas também estão tentando dar o seu melhor, ou pelo menos o que conseguem naquele momento.

Seja uma boa amiga. Faça sua parte independentemente da sua expectativa em relação aos outros. Quando alguém quiser desabafar, não fale por cima, nem compare sua dor à do outro. Saiba ouvir e se colocar no lugar das pessoas. Às vezes, basta dar colo e dizer, por meio de gestos, que você se importa. Isso se chama empatia.

Seja pontual. Seu tempo não é mais importante do que o tempo dos outros. Nunca dependa financeiramente de um homem. Batalhe muito para ter suas coisas e tenha orgulho daquilo que você conquistou. Mas antes, estude muito. Não ache que as coisas caem do céu. O conhecimento liberta e dá asas para você ir aonde quiser.

Seja honesta com as pessoas. Nunca se apodere do que não é seu. Principalmente, seja honesta consigo mesma. Não viva uma vida de mentira. Seja responsável pelas suas atitudes e escolhas, inclusive as ruins. Enfrentar as consequências é um ato de coragem.

Fuja de confusão. A vida é muito melhor quando é leve. Torne sua vida leve. Só depende de você.

Entenda que você não tem controle sobre tudo. Às vezes, não ter controle pode ser divertido – o que não significa que você não precise estar preparada para o que der e vier.

Não há como agradar a todos, e ninguém tem milhões de melhores amigos(as). Ser amada verdadeiramente por poucas pessoas já é uma coisa sensacional.

Entenda que existem críticas construtivas que merecem ser ouvidas. E existe gente que critica por maldade. Para esses últimos, existe um botãozinho mágico chamado f@#$%-se

O mundo não acaba quando nosso coração é partido. A gente levanta, sacode a poeira e, de um jeito ou outro, segue em frente.

Caráter vale mil vezes mais do que qualquer dinheiro do mundo.

Não tente ir o tempo todo contra as regras. Muitas delas são essenciais para que a vida fique mais fácil.

Se você tem um sonho que é legitimamente seu, lute por ele. Seja persistente.

Nunca peça desculpas por ter nascido. Você é um milagre de Deus e um milagre na minha vida.

Não aceite ser desrespeitada por ninguém, principalmente por um namorado ou, no futuro, um marido. Escolha a pessoa certa para se casar. Se não quiser casar, tudo bem também.

Lembre-se de que você é uma pessoa com pensamentos e sentimentos próprios e que merece respeito.

Se imponha, mas nunca a ponto de invadir o limite do outro, que é sagrado. ISSO É IMPORTANTÍSSIMO!

Nunca deixe de fazer qualquer coisa por não ter companhia. Você é uma pessoa completa e não precisa de ninguém para fazer o que tem vontade. Tenha experiências. Viva.

Se tiver vontade de chorar, chore. Deixe a dor ir. Mas, depois, sacuda a poeira e vá ser feliz.

Gratidão pelo que se tem é essencial para a sua felicidade. Esqueça a grama do vizinho.

Viva de acordo com as suas possibilidades. Não exija mais do que se tem no momento.

Seja corajosa, ousada e linda. Seja você.

Um não é um não. Tentar vencer na base da insistência não é legal.

Respeite os mais velhos. SEMPRE.

E ouça sua mãe. Não vai existir ninguém no mundo que te ame mais.

Feliz aniversário, meu amoreco!

O mundo é seu. ■

ANEXO 2

TEXTOS DO BLOG VIAGRA PRA BUNDA (2012 E 2016)

Quem sou eu:
Publicitária, criadora de caso e de convites criativos para festas. Virginiana chata, quarenta e tantos anos, em constante conflito porque o corpinho quase senil não acompanha a mentalidade infantojuvenil. No momento, torcendo para que a ciência crie um Viagra que levante e endureça a minha bunda.

Escrever é minha terapia, e esse blog é um espaço para extravasar os meus delírios mais imbecis.

Prazer, eu sou a Dani.

BLOG | Agosto de 2012
A FUGA DA ACADEMIA E MINHA OJERIZA A CORPOS PLASTIFICADOS

Tem uma semana que estou vivendo aquele eterno dilema da matrícula na academia. Tá, eu confesso. Na verdade, tem 39 anos, 11 meses e 8 dias. Mas a lei da gravidade está me comendo viva, então, não ir malhar deixou de ser uma opção, apesar de eu ser a recordista mundial de desistência de ginástica.

É que tenho uma preguiça mortal de todos os templos de culto ao corpo – e, obviamente, dos seus devotos sarados e saudáveis. Ojeriza mesmo. Mas minha preguiça se tornou patológica, porque em determinado momento vira preconceito. Funciona mais ou menos assim: quando vejo uma gostosona, daquelas ratas de academia mesmo, com a bunda toda dura, sem uma celulite sequer, a barriga isenta de qualquer vestígio de pochete de gordura, bronzeada até no mais rigoroso inverno, os cabelos, severamente repuxados num rabo de cavalo, balançando na aula de aeróbica sem nem um fiozinho fora do lugar, eu já vou logo pensando que, pra investir tanto tempo e energia dentro de uma boxxxta de academia ao invés de viver a vida de uma forma mais prazerosa, essa aí deve ser no mínimo uma carente tresloucada, daquelas que precisam postar foto de biquíni de hora em hora pra "homaiada" curtir.

Quando o devoto é homem, dá pra traçar um panorama claro. Tem aqueles que ficam rodando a munheca pra lá e pra cá pra movimentar o bíceps, geralmente os mesmos que piscam os peitinhos pra cima e pra baixo. Quando me deparo com um desses, meu olhar vai direto pras tetas saltitantes, e sempre imagino minha bisavó, sem sutiã, andando de Fusca em estrada de terra. Esses Adônis não podem ver um espelho que logo começam a se admirar, em total estado de êxtase narcisista. Se for espelho de parede inteira, é gozo na certa. E eu imediatamente penso: no mínimo é um imbecil arrogante, de pinto pequeno, que não sabe como tratar uma mulher. Porque gente de verdade pode e até deve ter um corpo legal, bem cuidado, mas não precisa ser aquela coisa plástica a lá Barbie e Ken. Quer dizer, se o cara já tem o bíceps definido, um pouco de barriga não faz mal, concorda? Se ele for inteligente, divertido e souber falar e fazer as coisas certas, então, por mim pode ter até espinha na bunda. No caso das mulheres, é bonito ser torneada, mas de nada adianta se os neurônios não estiverem em forma também.

Acho que todo mundo deveria saber conversar sobre tudo um pouco, rir genuína e escancaradamente, se divertir sem mimimi por causa da chapinha, deixar a frescura de lado e – por que não – abrir mão do regime naquele jantar a dois. Tanto o homem quanto a mulher gostam é de presença. O que faz você brilhar é sua atitude e seu bom humor perante a vida. No final das contas, o visual pode até abrir o apetite, mas glacê demais enjoa.

BLOG | Agosto de 2012

A ETERNA CAPACIDADE DOS HOMENS DE NOS TRANSFORMAR EM UMA DONA MARIA

Eu sou uma boa motorista, e me orgulho de ter aprendido a dirigir cedo. Aos 17 anos, um pouco antes de tirar carteira, eu treinava no Monza da minha mãe, com um instrutor particular, na avenida Amazonas, centro de Belo Horizonte, embaixo de chuva e em pleno horário de pico (na minha época politicamente incorreta, podia). Isso me torna praticamente uma ninja no volante.

Nesse meio tempo, quase nunca bati. Vou explicar esse "quase" daqui a pouco, mas enquanto isso, finge que eu nunca bati em vinte e dois anos de carteira. No entanto, já "fui batida" duas vezes, ambas com o bendito carro parado no sinal. A situação é terrível: você olha pelo retrovisor e vê um desembestado que não consegue frear vindo pra cima de você. E não há para onde ir, a não ser que você seja um helicóptero. É aí que seu tuim encolhe e você grita "Fudeu! O desgraçado vai arrebentar minha bunda". Pois é. Nessas duas vezes, não houve nenhum vestígio de culpa minha. Só que, apesar de todas as evidências a meu favor, nessa maldita sociedade machista em que vivemos, o fato de ser mulher já me condena. E te condenaria também, querida leitora. Mulher barbeira é redundância institucionalizada nacionalmente. A situação fica ainda mais grave se o seu marido, namorado ou amigo estiver com você no dia do acidente. Independentemente do macho alfa que você conduz como passageiro, prepare-se: ele vai coçar o saco e te acusar: "Mas também, você é uma Dona Maria do caramba! Nunca ouviu falar de direção defensiva?". Ah é, seu puto? Deixa eu te explicar uma coisa: toda vez que você senta no banco do carona e fica dando palpite para a motorista, como se ela não estivesse vendo o carro da frente, do lado ou de trás, ela fica tensa, e muito! No meu caso, que sou sempre vítima da lei de Murphy, sei que serei flagrada fazendo cagada justamente pela última pessoa que eu gostaria que me flagrasse, mas a cagada acontece exatamente por isso. ENTENDEU???

O problema para nós, mulheres, é que não importa o que a gente fale – sempre seremos tratadas como barbeiras incorrigíveis. Então, assuma esse lado sem culpa. Quando ele sentar no banco do carona, não tente provar que você dirige bem. Dê umas freiadonas sem nexo, faça curvas quadradas e explore com fervor seu lado Dona Maria dos Infernos.

Ah, já ia me esquecendo! Em relação ao "quase", eu já bati sim, duas vezes e na mesma semana. Nessa época, porém, eu estava dormindo três horas por noite, minhas filhas não paravam de brigar no banco de trás e eu tinha acabado de descobrir que estava há quatro dias com um prato de papinha colado no teto do meu carro. Sim, eu estava completamente desequilibrada e fora do meu eixo. Então, essas duas vezes não contam. Eu sei que dirijo bem.

BLOG | Agosto de 2012

SODOMA E GOMORRA DISFARÇADAS DE DISNEYLÂNDIA

Mulher mineira é cheia de falso moralismo – e isso enche o saco. Mas todo esse nhé nhé nhé, essa frescurada, esses "não me toques", no fundo não enganam nem menino, muito menos homem. "Não gosto disso, não quero aquilo, não posso isso, não faço aquilo" – tudo balela. Minas Gerais tá cheio de gente que vive de aparências, que finge ser o que não é. Mas deixa tomar uma biritinha pra você ver onde vai parar todo esse falso puritanismo...

Quer saber? Belo Horizonte é Sodoma e Gomorra disfarçada de Disneylândia. Nada contra a libertinagem, nem contra a pureza. Cada um faz o que quer, e eu não tenho nada com a vida de ninguém. Mas putaquepareo... Precisa fingir uma coisa que você não é? Isso sim é uma puta sacanagem. Com os outros e consigo. Porque uma hora ou outra, minha amiga, a máscara cai. E você vai ficar aí reclamando que não tem homem na praça, que os moços não querem saber de nada sério. Então, mude essa atitude de mulher-enxaqueca e mostre a que veio. Não finja ser uma menininha ingênua e pudica se você não é. Se não gosta de ser tratada como uma peça de açougue, não se comporte como uma. Diga aonde quer ir, o que está a fim de comer, quais lugares quer conhecer, enfim, expresse sua opinião. Se quiser ficar com o cara, fique; se não quiser, não fique, mas não faça joguinhos pra deixar o pobre coitado confuso. Sim é sim, não é não, e tudo fica bem mais simples pros dois lados dessa forma.

Charminho e charme são duas coisas completamente diferentes. O charminho você pode até fazer, mas costuma ser um tiro pela culatra. Já o charme tem a ver com autenticidade e atitude, e é uma arma infinitamente mais poderosa. Acredite: com ela, você acertará seu alvo em cheio.

BLOG | Agosto de 2012

MÃES IMPERFEITAS E A ANTÍTESE DAS PROPAGANDAS DE MARGARINA

Shhh! Deixa eu te contar um segredo. Existe um complô mundial, uma sociedade altamente secreta, formada apenas por mães. Esse grupo de honoráveis mulheres (do qual também faço parte) é responsável pela perpetuação da espécie humana num sentido muito mais amplo do que o simples parir. Nós escondemos de forma desavergonhada das não mães a realidade nua e crua sobre filhos. Mostramos apenas o lado glamoroso da maternidade. E não é por maldade. Apenas aprendemos a pensar no bem geral da nação.

Funciona assim: se você é uma sem filhos(as), mas deseja tê-los no futuro, ou só está grávida, você ainda não tem a carteirinha de sócia titular que te dá o direito de conhecer a fundo as regras desse universo paralelo. E ninguém vai te contar a verdade até você cruzar a linha. Porque se as futuras interessadas soubessem da missa a metade, haveria uma grande possibilidade de o mundo não estar tão infestado dessas criaturinhas capazes de levar qualquer adulto são a um estado permanente de loucura.

O que se divulga por aí são bebês fofinhos e cheios de dobrinhas dormindo tranquilamente em berços imaculados. Crianças limpas, educadas, amorosas e obedientes. Progenitoras sempre magras e bem arrumadas, com seus rabinhos de cavalo comportados, vivendo tranquilamente em família. Tudo como numa linda propaganda de margarina ou de fraldas. Pois sinto lhe informar: é tudo B-A-L-E-L-A! Bebês vomitam como se estivesse num campeonato de tiro ao alvo. Crianças, quando gripam, expectoram meleca como se fosse estalactite. Às vezes, você vai encontrar milho no cocô deles. Você está sempre descabelada, com o sono atrasado e sem tempo para nada. Se precisa de um momento para fazer algo em benefício próprio, então, pode esquecer. Ao se tornar mãe, você perde três coisas preciosas: autonomia, liberdade e tempo. Em troca, ganha toneladas de dívidas e a incapacidade de fazer qualquer coisa, por mais simples que seja, sozinha. Nem no banheiro você terá o privilégio de ir desacompanhada. Nunca mais poderá ver o seu canal preferido. Daqui pra frente, a TV sempre estará ligada em algum desenho que você será obrigada a assistir zilhões de vezes até decorar as falas, goste disso ou não.

Você provavelmente vai engordar, cultivando aquela barriga pânceps modelo Nhá Benta. É que nunca sobra tempo ou dinheiro para ir numa academia, já que, além dos milhares de gastos com os filhos, babás podem te sugar até o último centavo, e é muito difícil encontrar uma confiável. E a capacidade que crianças têm de chorar é tão absurda que faz você entrar num estado "off alpha" para não ter uma crise de catatonia autodestrutiva.

Crianças também falam de forma compulsiva o tempo todo, ainda que tudo que você deseje seja um-minuto-de-silêncio-por-favor. Quando não estão falando sem parar, elas cantam, fazem barulhos irritantes com a boca, mexem os braços e as pernas de uma forma que desafia a lei da gravidade, tudo ao mesmo tempo. Elas pedem para você preparar o cheeseburger especial da mamãe para, depois de uma mordida, dizerem que estão sem fome e que agora querem um Danoninho. Também fazem você se sentir uma maluca que conversa com as paredes, porque têm ouvidos seletivos. Você pede mil vezes: "Vai pra cama, vai pra cama, vai pra cama, vai pra cama agora, vai pra cama, vai pra camaaaaa caceeeete!", e é solenemente ignorada. Então, quando começa a achar que é problema de audição, faz o teste de incluir algo como "quer sorvete?" no meio da frase e descobre que era só Deus testando sua paciência.

Mães gritam e se descontrolam. Mães babam de exaustão. Mães tentam ser sexy depois que os filhos vão dormir, mas, às vezes, tudo o que precisamos é de uma boa dormida de conchinha. Quando viramos mães, viramos um tipo de escrava também. E é para sempre. Mas o amor que a gente encontra na maternidade realmente compensa tudo. Essa é a parte que ninguém esconde – e a mais verdadeira de todas.

BLOG | Agosto de 2012

OGROS E FIONAS – EU E O MEU FRACO POR HOMENS TOSCOS

Eu admito! Eu tenho perfil Fiona porque adoro um homem ogro. Quanto mais verde, melhor. E o Shreck mistura um pouco de desalinho visual com atitude. Homem muito engomadinho, cheirosinho, escovadinho, mimadinho e bonzinho, pra mim não serve. Tem que ter barriga, ou usar camisa amarrotada, ou ter calo na mão... Hmmmm, calo na mão, principalmente se for mãozona, eu adooooooro! Vozeirão no pé do ouvido, eu surto. Cabelão bagunçado, de preferência um pouco comprido, me mata. Tatuagem é tiro de misericórdia. Meus hormônios pulam e gritam de alegria, e eu ovulo 673 vezes por segundo. Essa onda metrosexual, pra mim, é de uma birobice sem fim. Macho que é macho assume os cabelos brancos (que são um charme) ao invés de ir pro salão fazer luzes invertidas. E pelo amor dos céus, sujeito, não fica passando creminho pra ruga, pra deixar a pele macia. Eu imploro: deixem as frescuras para as mulheres.

Por outro lado, tem aqueles que acham que ser ogro é ser um poço de estupidez. Ai, que engano. A vocês, o meu desprezo. Gente tosca pode passar longe. Odiamos estupidez. E isso eu falo de cadeira por todas as mulheres. Atitude, prezado macho, é ser bem resolvido e dizer alto o que pensa, sem se importar com o que os outros vão achar. É ter vontade de alguma coisa e simplesmente fazer acontecer. É assumir os sentimentos sem ter vergonha. É ter uma autoconfiança que exala testosterona.

Esse perfil de homem amolece qualquer mulher porque transmite segurança, proteção. Você pode estar diante de um tiranossauro rex, mas sabe que nada de mal vai te acontecer. O ogro pode usar salto alto que continua macho. É uma coisa que vem de dentro. Ninguém ensina. Muito menos pra aqueles que passaram a infância comendo bolacha, tomando leite morninho e aprendendo que birra e pirraça são uma ótima forma de negociação.

Homem com H sabe respeitar uma mulher. Homem com H não entra na onda dos amigos só pra provar que é um "pinto louco". Ele tem uma inteligência e um senso de humor que te faz gargalhar ou sonhar, dependendo de como usa as palavras. E ele sabe usar as palavras como usa a língua. É golpe baixo e certeiro, porque ele sempre diz as coisas certas, na hora certa e de um jeito deliciosamente... tosco. O ogro tem um quê de cafa, mas não é. Ele olha a mulher com um respeito, uma curiosidade e uma admiração genuínas, e tem uma generosidade que encanta. Ogro que é ogro tem o coração bom. Ele sabe o que quer da vida e quem quer na sua vida. E isso faz com que você quase implore para ser puxada pelos cabelos e levada para a caverna mais próxima. É... Eu amo um homem tosco.

BLOG | Setembro de 2012

O SEXO ANTES E DEPOIS DAS ESCOVAS DE DENTES

Você conhece a figura, se apaixona, e o sexo come solto. Um tesão louco, quase animal. Não conseguem tirar as mãos um do outro. É preciso aproveitar cada segundo junto. Sexo é todo dia, toda hora e em qualquer lugar.

Aí você se casa, ou passa a dividir as escovas de dentes. Com o kit escova, vem a eterna disponibilidade do parceiro ali, na sua cama. De brinde, vem também a neosaldina e a catuaba. Tanta oferta acaba adiando o sexo para o dia seguinte, para a semana seguinte e, em casos extremos, para o mês seguinte, até ficar mais escasso do que água no deserto. É um tal de "Mô, hoje tô com dor de cabeça" ou "Fofinha, tive um dia superestressante hoje e o Joãozinho não quer brincar" que faz com que ambos se esqueçam que aquilo um dia já foi ótimo.

Queridos e queridas, a falta de motivação pra fazer gol num jogo que já está ganho é um nocaute nas relações estáveis. Muitos relacionamentos acabam por pura preguiça. "Pra que conquistar o que já foi conquistado?", ele pensa? "Ai, que preguiça de enfrentar mais uma rapidinha", ela pensa. E tem o problema do fuso horário. Mulher geralmente gosta de sexo à noite, com todo o ritual que o casal tem direito – vela, musiquinha, óleo de massagem, apetrechos... Homem gosta de chegar do trabalho à noite e brincar de estátua. Se possível, com um controle remoto em uma mão, o PF na outra e um balão sobre a cabeça com dizeres garrafais: "Esta pessoa não se encontra disponível no momento. Favor não perturbar". Mesmo assim, você resolve tomar banho e ficar sexy pro môzão. Mas, quando volta, ele está fazendo a digestão, dormindo e babando como se fosse uma jiboia no sofá. Você vai pra cama sozinha, de cinta liga e maquiagem, e é acordada às 5h da manhã pra uma rapidinha "para começar bem o dia". Mas toda aquela empolgação matinal dele já não funciona, porque o sujeito, mesmo cutucando a onça com vara longa, provavelmente só vai ouvir um rosnado.

Com certeza, todo homem já despertou animadinho e descansado no meio da noite e tentou acordar uma mulher baforenta, descabelada, sonolenta e que, naquele momento, não está se sentindo nem um pouco sexy. Com raras exceções (como eu, né, mozão???), ela provavelmente não será a tigresa que poderia ter sido na noite anterior, quando você preferiu babar no sofá sem banho do que se esbaldar nos braços dela. Porque o homem faz sexo para se sentir bem, e a mulher, quando está bem. Sacou a sutileza abismal entre os dois universos?

A boa notícia é que superar aquela preguiça inicial e saltar os obstáculos diários chamados rotina massacrante, cansaço real, xico, TPM, contas a pagar, etc., traz o resgate da intimidade. Sexo não precisa acontecer quatro vezes por semana, com dia marcado ou regras estipuladas. Sexo só precisa ser bom quando rola. Se enroscar sem pudor com quem você ama é uma das melhores coisas depois de um dia bom ou extenuante. E sentir tesão genuíno é o melhor e mais magnífico presente que você pode dar a si mesma e a quem você ama.

Vença a preguiça se quiser viver um relacionamento longo e feliz. Comece tirando a bunda da cadeira e desligando o computador. Vá se esbaldar com seu parceiro ou parceira, agora ou às 5h da manhã.

BLOG | Setembro de 2012

SOBRE PIPOCA E AMADURECIMENTO

Pra muita gente, amadurecimento é um processo lento e constante. Mas não pra mim. Eu sou que nem pipoca – esquento as turbinas e estouro. Vi isso acontecer quando tinha 19 anos, depois 23, 30, 35 e, agora, aos 40. É como se a "essência Dani" permanecesse a mesma, mas com um plus, um upgrade que vai me burilando no decorrer da vida.

Sempre fui uma pessoa muito prática. Morro de preguiça de discutir a relação, tenho uma visão bem objetiva da vida e sou capaz de resolver meus problemas sem muito nhé nhé nhé. Tomo banho, me maquio e me visto em vinte minutos sem precisar tirar todas as roupas do cabide. Acho sexo um ótimo remédio para dor de cabeça, e, se estou a fim de fazer alguma coisa, vou lá e faço. Se alguma coisa me incomoda, vou lá e vomito minha insatisfação na hora... Enfim, acho que sou uma mulher bem resolvida dentro das peculiaridades do universo feminino. Por isso, quando tenho meus dias de faniquito, me irrito mais do que a maioria das mulheres.

Hoje, por exemplo, acordei puta com a vida. Será que é só isso mesmo? Cadê toda a aventura, a excitação, a fama e a glória que eu mereço? Queria estar lá, mas estou aqui. Queria conhecer Katmandu, mas o mais longe que consegui chegar foi ao trabalho. Queria ter nascido magra, mas sou um churrascão farto. Queria estar me esbaldando em grana, mas tenho de contar moedinha para pagar as contas. Queria poder abrir minhas imensas asas, mas minhas âncoras não me permitem levantar voo. Queria viver um romance 24 horas por dia, mas isso não existe pra ninguém.

Passamos a vida sonhando com um monte de coisas que fogem do possível. Então, surge o amadurecimento, trazendo aquela resignação consciente de que toda nova oportunidade vem acompanhada de ganhos imensos, mas de muitas perdas também. Entendemos, finalmente, que a vida é fruto de três coisas: escolhas, coragem e oportunidades, não necessariamente nessa ordem. Que liberdade e felicidade são coisas que crescem de dentro para fora e que nos acompanham em todo lugar, esteja você na Califórnia, Estados Unidos, ou no bairro Califórnia, em Belo Horizonte. Então eu sossego o facho, me perdoo e tento me aceitar com todas as limitações que tenho. Acho que isso é viver. Pra mim, pra você, pra todo mundo.

Agora, deixa eu ir ali amadurecer mais um pouco. Já, já eu volto. A pipoca tá estourando no micro-ondas.

BLOG | Setembro de 2012

EXPECTATIVAS FRUSTRADAS, SORVETE E CAVALO XUCRO

Tem coisa mais broxante do que expectativa? Expectativa é a mula correndo atrás da cenoura – a gente nunca alcança, mas se cansa. Eu, por exemplo, tenho uma mania quase infantil de criar na caixola diálogos e cenas que beiram a perfeição. Para piorar, minha imaginação fértil nunca me permite "expectar" de menos. É tudo sempre muito grandioso e superlativo. E lóoogico que, nessa paranoia criativa, eu sempre me fodo.

Quer um exemplo? Uma vez estava chovendo canivete e meu então marido queria tomar sorvete. Mas não era assim tão simples. Ele queria que eu pegasse meu carro no meio da tempestade e fosse até a padaria comprar o maldito ice cream. Minha resposta? "Nem fudendo." Então ele me entregou o catálogo de uma loja de joias e disse: "Se você for, pode escolher o que quiser dessa loja". E eu, idiotamente, mesmo conhecendo o tipo que tinha em casa, mesmo sabendo que o máximo que ganharia ao chegar seria um "não fez mais do que a sua obrigação", escolhi a mais tcháranan das joias e fui. E comprei tooodos os sabores de sorvete disponíveis. E lóoogico que eu imaginei a surreal cena dele ajoelhado com uma joia de trezentos quilates na mão. E óoobvio que, quando cheguei em casa, parecendo um pinto molhado e toda carregada de sorvete, ele disse "não-fez-mais-do-que-a-sua-obrigação" e me deu um lindo par de brincos – recortado toscamente, com uma tesoura de cozinha, do catálogo da loja. Ainda acrescentou: "Viu só como eu tenho palavra?". Na hora, enxerguei vermelho, mas é tudo *mea culpa* porque, mesmo me estrepando incondicionalmente, eu nunca aprendo. Lá estou eu, no momento seguinte, "expectando" tudo de novo. E sofrendo de novo. Aff!

Se a expectativa é a mula, a realidade é o cavalo xucro. Quanto mais a gente tenta domar e botar sela, mais coice leva.

P.S.: cerca de um ano depois, fui à loja e comprei eu mesma aquele par de brincos.

BLOG | Maio de 2013

MELANCOLIA, FÊNIX E O HOMEM CINZA

Tem figuras que a gente não conhece, mas que sempre cruzam nossos dias. Tipo aquela mulher que você nunca viu antes, mas que te chama a atenção pelo olhar perdido enquanto espera o ônibus no ponto. E aí, horas mais tarde no mesmo dia, você a vê em outro lugar da cidade, com o mesmo olhar perdido, cruzando a faixa de pedestres bem na sua frente, desaparecendo tão de repente como surgiu.

Iguais a ela, vários "indivíduos-coincidência" já passearam pelos meus dias, mas tem um que é o chefe de todos. Eu o vejo há anos, pelo menos duas vezes por semana. É um homem muito, muito velho. As rugas profundas na pele marcada pelo sol mostram as muitas pedras que enfrentou pelo caminho. Seus olhos acinzentados revelam uma alma milenar. Foi maltratado pela vida, mas conserva uma dignidade que hipnotiza e me faz querer decifrar seus pensamentos. Ele parece ter apenas um objetivo: caminhar sem parar. Talvez essa tenha sido a maneira que encontrou de ter um pouco de primavera por dentro. Forest Gump poderia facilmente ter se inspirado nele, mas com certeza ele nunca ouviu falar em Forest Gump.

Esse homem construiu um ritual sagrado de sobrevivência: todos os dias, faça chuva ou faça sol, ele pega seu guarda-chuva preto, veste o mesmo terno surrado – que um dia já foi preto também, mas que hoje é cinza como seus olhos e seus cabelos ensebados – e praticamente marcha. São passos determinados com destino a lugar nenhum. Imagino que ele madrugue todos os dias, sempre no mesmo horário, e se obrigue a seguir a vida que Deus lhe deu. Já percorreu milhares de quilômetros, e já viu tanto céu nublado que seus olhos nublaram também. Sua viagem tem sido longa e exaustiva, mas ele precisa continuar. E assim ele persiste, deixando um rastro de melancolia para trás.

Mas esse caminhar firme, essa cabeça que nunca tomba, esses olhos determinados e desafiadores exalam uma aura quase poética que eu aprendi a admirar silenciosamente. Ele tem a força de uma fênix renascida das cinzas. Chego a ansiar pelo encontro inusitado com o meu indivíduo-coincidência preferido. Se fico uma semana sem vê-lo, me preocupo mesmo sem saber seu nome. Ele não entrega os pontos, mas a vida pode arrancá-los dele.

Hoje o dia acordou nublado, e eu também. Mas não recebi minha lição de vida porque não vi o homem cinza.

BLOG | Março de 2017

MEDITAÇÃO XING LING ZEN, A DEBUTANTE E O PATO

Tentando resgatar minha espiritualidade, resolvi adotar a meditação na minha vida. Então, saindo de uma cliente na Pampulha, resolvi passar na Casa do Baile e me dar dez minutos de sossego zen. Sentei num banquinho, mirei na lagoa e foquei na respiração. Inspira, expira. Lembre-se de apreciar o belo, Daniela. Controle seus pensamentos. Foco... Ooooopa, olha a debutante jeca tirando foto na orla às 2h da tarde... Não, foco, foco, foco. Inspira, expira... Será que a fotógrafa não percebeu que esse solão vai encher a menina de olheira? Vai lá e fala pra ela esperar o sol das 16h. Não, Daniela, concentra. Isso não é da sua conta. Inspira, expira. Sinta o abdômen subindo e descendo. Hm, tô gorda. Preciso emagrecer. Concentra de novo. Meu Deus, já não bastava esse vestido rosa-choque em camadas, parecendo uma embalagem de Sonho de Valsa, ainda tinha que sair do salão com esse cabelo igual ao da Maísa do SBT aos 5 anos de idade? Volta a meditar, Daniela! O objetivo é espiritualizar e elevar o pensamento. Deixa de ser crítica. Que coisa feia. Feche os olhos e respire. Quer dizer, não! Abra os olhos e aprecie a paisagem. Meditar de olhos fechados você faz num lugar feio. Dani, lembra daquele álbum pavoroso que você fez na Sonora aos 15 anos? Hahahahaha! E ainda tem coragem de criticar a menina ali! Lembra daquele cabelinho horroroso, bem década de 1980? E daquela gola prateada de tecido armado modelo espacial? Daniela, se aquilo cai na internet, você tá fudida, fia! Suas fotos eram muito mais bregas do que as dessa garota. Vamos ser mais humildes. Ok, isso foi jogo baixo, minha mente querida! Eu admito que já fiz pior. Bom, depois desse pensamento magnânimo, acho que já posso dizer que vou sair melhor do que cheguei. Que lição de humildade! Conta até trinta e medita mais um pouquinho, vai! Inspira, expira. Gente, olha! O pato que tava ali acabou de mergulhar na lagoa. Cadê o pato??? Pato, volta!!! Já contei até trinta e a porra do pato não volta pra superfície. Tô tensa e estraguei toda a minha meditação relaxante Xing Ling Zen.

Gente, pato afoga?

•

SOBRE MIM – MUITO PRAZER, EU SOU A DANI

Coisas que você não precisa saber sobre mim, mas que vai gostar de saber (ou não!)

1. Enquanto todas as meninas gostavam de rosa, eu sempre amei amarelo. Ainda é minha cor preferida, apesar de ficar parecendo um milho quando me visto dessa cor (sou loira). Mas não tô nem aí.

2. Quando eu era criança, ficava imaginando como seria a Dani adulta aos 40 e tantos: casada, realizada e rica. Hoje, caminhando pros 50, sou divorciada, manoteira profissional, colecionadora de fracassos estrondosos – e alguns sucessos medianos – e com muito mais experiência de vida do que dinheiro no bolso. Já contei as horas. Já contei os dias. Já contei estrelas. Já contei meus sonhos. Só não consegui contar dinheiro. Mas, quando olho no espelho, gosto muito do que me tornei. E ainda acredito que o sucesso está vindo a galope.

3. Aos 6 anos, eu sonhava em ser veterinária, de tanto amor que sentia pelos bichos. Mas esse amor não se estendia às cobras, e acabei desistindo. Aos 15, pensei seriamente em ser arqueóloga – tinha

paixão por tudo que dizia respeito ao Egito. Também já quis ser aeromoça para conhecer o mundo. De tanto colar propaganda de perfume e cueca nas capas dos cadernos de escola, porém, acabei virando publicitária. Achava que trabalhar com aquilo deveria ser puro *glamour*. Aff! Que engodo.

4 Eu tenho uma mania estranha. Quando chego em casa, a primeira coisa que faço é arrancar as roupas. Entre quatro paredes, faço absolutamente tudo pelada: faxino, lavo louça, leio, durmo. Até banho eu tomo pelada, veja só! Há uns três anos, peguei pneumonia dupla por conta dessa mania – mas nem isso me fez vestir roupa.

5 Não tenho muita paciência para esperar o tempo cumprir sua jornada. Uma vez, ainda na adolescência, resolvi pintar meu primeiro (e último) quadro com tinta a óleo. Poderia tê-lo intitulado de "O borrão preto", já que, ansiosa para ver o resultado, não esperei a tinta secar para aplicar novas camadas. Até hoje vivo situações parecidas com aquela "obra-prima". Culpa da minha eterna incapacidade de esperar o tempo certo de cada coisa.

6 Já saí ilesa de um carro alvejado com dezesseis tiros. Já passei doze horas em pé durante os quinze dias que fiquei na UTI com minha filhota recém-nascida, com sete camadas de barriga costurada, um peito explodindo de mastite e um coração massacrado de medo. Já fui espancada pelo meu ex-marido antes e depois do divórcio, e tenho certa dificuldade em confiar nas pessoas. Mesmo assim, continuo me jogando de cabeça em tudo. Passei os últimos anos meio aturdida com a sequência de acontecimentos, e se não fosse minha mãe, talvez estivesse vendendo bala no sinal agora. Já passei por situações mais difíceis do que a maioria das pessoas que conheço somadas, mas isso não me tornou uma pessoa amarga. Mato um zoológico por dia para dar conta do recado, dou cá minhas escorregadelas mas, no geral, sou uma fortaleza. Não porque eu quero, mas por pura falta de opção. Meu sonho é poder, um dia, me dar ao luxo de ser frágil.

7 Sou verdadeiramente feliz quando olho para as minhas filhas, quando como algo delicioso, quando vivo uma aventura maravilhosa e inédita, quando me sinto amada e quando estou viajando.

8 Não como fruta. Aliás, morro de nojo de fruta. Acho uma melequeira só. O cheiro de mexerica já me dá vontade de vomitar. Ainda assim, aonde quer que eu vá tem alguém comendo mexerica. Uma vez, viajando num ônibus todo fechado, um filho da mãe resolveu comer um saco de mexericas. Devia existir pena de morte nesses casos. Também já aconteceu no cinema. É uma sina.

9 Eu acredito que a alma sai do corpo quando a gente dorme. Também acredito em reencarnação. Já vi, em sonho, o momento da minha morte em outras três vidas. Podem me chamar de louca, mas eu realmente acredito nisso.

10 Um dos meus maiores medos é morrer achando que não conheci tudo que queria conhecer e que não fui suficientemente feliz.

11 Geralmente, não dou a mínima para a opinião alheia, o que às vezes me transforma numa pessoa teimosa e um pouco petulante por não aceitar conselhos. Me desculpem por isso. No final das contas, quem acaba quebrando a cara sou eu.

12 Sim, eu sou uma bobona romântica. O sarcasmo é só uma forma de defesa.

13 Meu tipo de filme predileto é aquele que você assiste tampando os olhos, como O exorcista. Deve ser por isso que vou chegar aos 80 anos sem aprender a dormir com os pés descobertos.

14 A maternidade é um desafio enorme. Educar é a coisa mais difícil que já fiz na vida. Espero que no futuro minhas filhas perdoem minhas falhas e enxerguem que dei o melhor de mim. Meu amor por elas é infinito e inquestionável.

15 Autoconhecimento e autoestima podem salvar sua vida te impedindo de entrar ou te ajudando a sair de um relacionamento abusivo. Pratique-os.

16 A vida me ensinou que a melhor amiga que você pode ter na vida é a sua mãe. Obrigada, mãe!

O QUE DIZ A LEI MARIA DA PENHA*

Violência doméstica e familiar contra a mulher é qualquer ação ou omissão baseada no gênero que lhe cause morte, lesão, sofrimento físico, sexual ou psicológico e dano moral ou patrimonial, conforme definido no artigo 5º da Lei Maria da Penha, a Lei nº 11.340/2006.

A Lei Maria da Penha define cinco formas de violência doméstica e familiar, deixando claro que não existe apenas a violência que deixa marcas físicas evidentes:

1. Violência psicológica: xingar, humilhar, ameaçar, intimidar e amedrontar; criticar continuamente, desvalorizar os atos e desconsiderar a opinião ou decisão da mulher; debochar publicamente, diminuir a autoestima; tentar fazer a mulher ficar confusa ou achar que está louca; controlar tudo o que ela faz, quando sai, com quem e aonde vai; usar os filhos para fazer chantagem – são alguns exemplos de violência psicológica, de acordo com a cartilha "Viver sem violência é direito de toda mulher";

2. Violência física: bater e espancar; empurrar, atirar objetos, sacudir, morder ou puxar os cabelos; mutilar e torturar; usar arma branca, como faca ou ferramentas de trabalho, ou de fogo;

3. Violência sexual: forçar relações sexuais quando a mulher não quer ou quando estiver dormindo ou sem condições de consentir; fazer a mulher olhar imagens pornográficas quando ela não quer; obrigar a mulher a fazer sexo com outra(s) pessoa(s); impedir a mulher de prevenir a gravidez, forçá-la a engravidar ou ainda forçar o aborto quando ela não quiser;

4. Violência patrimonial: controlar, reter ou tirar dinheiro dela; causar danos de propósito a objetos de que ela gosta; destruir, reter objetos, instrumentos de trabalho, documentos pessoais e outros bens e direitos;

5. Violência moral: fazer comentários ofensivos na frente de estranhos e/ou conhecidos; humilhar a mulher publicamente; expor

---

* Disponível em: <https://bit.ly/33FvJP4>.

a vida íntima do casal para outras pessoas, inclusive nas redes sociais; acusar publicamente a mulher de cometer crimes; inventar histórias e/ou falar mal da mulher para os outros com o intuito de diminuí-la perante amigos e parentes.

Na maior parte dos casos, as diferentes formas de violência acontecem de modo combinado.

Viver sem violência é um direito. Romper com a violência é uma decisão difícil, mas é importante pedir ajuda – e quanto antes melhor, uma vez que a tendência dos episódios de agressão é de agravamento.

Se você vive um relacionamento abusivo, busque ajuda. Se você conhece alguém que vive em um, não julgue. Estenda a mão.

No site www.eudissenao.com você poderá baixar materiais exclusivos, criados especialmente para ajudar vítimas de abuso a se resgatarem:

Rafael e Yvonne, meus pais amados.

Eu, ainda bebê, no colo mais seguro do mundo.

Aos 7 anos, no Carnaval com minha fantasia de odalisca calorenta e piniquenta.

Doida para casar, desde sempre.

No meu aniversário de 14 anos, com Tadeu ao meu lado e minha irmã ao fundo.

Em Nova York, aos 23 anos e superindependente, antes das Torres Gêmeas e do meu mundo caírem.

No dia do meu casamento, cheia de sonhos e esperanças.

Grávida, linda e toscamente apelidada de "Dani Tonelada".

Minha primeira *tattoo* "discretinha": *L'amour me sauve.*

Minha mãe e meu tio querido, que nos deixou em 2013.

Eu e as crianças no cruzeiro de Santos a Salvador, já completamente esgotada e desesperançosa.

Registro da avalanche de flores enviadas como pedido de desculpas em um dos milhões de términos durante o namoro.

O queijo esfaqueado como mensagem de bom dia.

① Ta aí Daniela honorários de sucumbência são os honorários de meus advogados..... Deixa de ser teimosa, pra que brigar pelo óbvio, pra que vc vai dar 10% de sua parte para seu advogado se estou disposto a fazer um acordo "exceto da pensão" que infelizmente não tenho como pagar 😔 serei preso por isso. E cumprirei minha pena, porém irá despertar toda minha IRA aí as coisas mudam..... A começar pelo vídeo que as crianças iram assistir no meu primeiro dia após a cadeia.

② alucinacão? Ps a gravação em sua sala ficou mt boa estou apenas tentando descobrir quem e este cara, este amante seu q eu não conhecia.... Por isso ainda não posso falar o nome deste bosta

Depois te dou a copia da chave de sua sala! Pode vir a precisar

Conhece.... spymaster pro? Muito bom viu!! Recomendo.

③ Prefere assim? Assim será! Sua falsidade é incrivel.... Assim seja nunca a irei tolerar ou te respeitar, te dei uma ultima oportunidade de se redimir.... não quer esta certo.... Acha que estou blefando com vc do video Aguarde!! Esta foi a ultima msg que te envio! Eu Tenho o telefone do seu pai e o da sua mae já que prefere assim vou ser motivo de chacota mais vc vai ser a vagabunda da historia! o circo vai começar hoje!!

Vou mandar esta merda pra ele!! E Pra sua mami tbm!

Liga ai e ja avisa a ele!!

④ Entrada (27)

Olha aqui, Mesmo após a nossa conversa na presença de nossos advogados a qual vc disse que não iria prejudicar ainda mais do que já prejudicou nossa empresa vc insiste e continua a prejudicar.

já que insiste em não assinar o empréstimos para quitar as dívidas.

não se importa com os impostos em aberto da empresa.

Não quer saber de nada referente a empresa

A abandonou desde outubro de 2013

Vc sendo rica, pra vc tanto faz né, se eu estou me ferrando pra pagar as contas da empresa.

Vou te dar o troco, já que continua me ferrando, me prejudicando...

Este final de semana irei explicar e mostrar seu vídeo para a ela já tem discernimento para saber quem é a "mamãe" entender o porque o papai separou da mamãe...

A quando maiorzinha eu mostrarei tbm.

Quero ver!! Quer me ferrar?

Vamos ver quem vai perder o mais importante desta vida... Acha que dinheiro é o mais importante, o que mais importa?

Eu quero ver quando vc perder o amor e a admiração dos nossas filhas, não mostrei ainda por elas, exclusivamente por elas....

Por não querer deixá-las triste como meus pais ficaram ao ver a nora que eu arrumei pra eles, nunca, nunca mesmo por vc....

Vamos ver o que nossas filhas quando assistirem o que a mamãe fazia e faz quando afirma estar trabalhando, na verdade faz...

Este fds se não me responder até amanhã (sexta) 03/10 se vai ou não assinar a desgraça dos documentos. Juro que vou destilar seu veneno.

Mostrar quem é vc para as meninas.

Não a estou obrigado a assinar nada apenas não posso ficar dependendo de uma simples resposta de vc.

Afinal se não for assinar o empréstimo e o contrato com a melhor fechar a empresa de vez.

Estúpida o que vc está fazendo é apenas onerar ainda mais e mais a empresa. Que é claro que um dia vamos ter que pagar 100% das dívidas da empresa. Eu e com certeza vc tbm.... Não seja mais burra do que aparenta ser ao menos uma vez na vida PENSA idiota, vc está ferrando comigo e com vc tbm.

Gorda burra e Antipática

---

① "exceto a pensão" (só rindo). **②** Quando finalmente entendi que meu escritório tinha sido grampeado. **③** A ameaça de vazar os vídeos. **④** Usando covardemente as meninas para me forçar a assinar um empréstimo.

5

> Q dia vc sai? Ja arrumou o ap ou ta pirraçando? 17:13

> Tem 1 mes q eu assinei aquele papel 17:13

> Quando a lei decidir eu pago a proxima conta de casa então.... Se prefere brigar fodas se 17:13

6

> Muito obrigada! Além de ter apagado nossas conversas vc tb apagou do meu email e celular documentos importantes da pinup q tinham códigos de acesso e senha q

7

> vc as abandona na casa de sua mãe e não olha o bem estar delas
> Não irei tolerar isso. Elas tem a casa dela com todo o conforto que hoje vc faz de motel particular

> ver estas manchas da pele da ███ que vc demostra não estar nem ai isso configura abandono e maus tratos!! Sua infeliz aprende a cuidar das crianças, eu vou fazer outra representação no Dopcad para mostrar e provar pra justiça que vc é omissa e cruel com as meninas!

> Vai me deixar levar ███ ao medico o já posso acionar o conselho tutelar? Estou falando sério se não responder em 2 minutos estou acionando o conselho tutelar agora!!

> Não brinco mais com vc!! E acho que não deveria brincar cmg e duvidar de mim!!

> Já tenho uma ocorrencia de maus tratos contra vc! Se inssistir em privar minha filha de assistencia medica, estarei acionando agora o Dopcad!!

> Resolveu dar atencao a elas fds milagre!!! Não concordo em vc deixar elas, principalmente a ███ que já esta virando mocinha na casa de qq um como vc esta fazendo, hoje eu fui fazer uma representacão contra vc no Dopcad!!

> Esqueci que as meninas são apenas suas filhas...

> Terei certeza disso apos o DNA OBRIGATÔRIO exijido na justiça na proxíma semana!! 😷

> A ███ está com cândida, falta de cuidado seu com ela!! Favor secar a perereca dela sempre com papel higiênico!

> E inclusive após o banho, NÃO USAR TOALHA apenas papel higiênico porque senão fica crônico o problema.,

> Eu estou mandando o remédio para passar a noite após o banho, deixar ela dormir sem calcinha e continuar a passar diariamente a pomada até sarar.

> E mesmo após sarar, criar o hábito de secar a perereca SEMPRE com papel higiênico, NUNCA com toalha, SEMPRE secar após fazer xixi.
> Veja se vc orienta elas aí para no futuro não ficarem igual a vc, que sempre estava com uma bicheira na buceta!
> Porém as suas doenças corrimentos e mal cheiro, deveriam ser originadas destes homens com os quais se relacionava quando era casada.

> Imagino o estado doplorável que deve estar "isso" aí agora.... Rsrs

> Com certeza bem pior que 🐷.

---

5 Quando ele se recusou a sair de casa, mesmo após eu cumprir com o combinado. **6** O dia em que ele foi ao meu escritório e me obrigou a dar as senhas do computador, celular, e-mail e redes sociais, apagando todos os registros de e-mails e mensagens que eu tinha guardado. **7** Trechos dos inúmeros BOs e ameaças me acusando de ser uma mãe negligente.

8 Pelo menos isso né... assuma que é uma vadia de vez e ganhe presentes, dinheiro, joias . Quero ver é ganhar um HOMEM pra te amar e aguentar como aguentei e ainda ser um bom padrasto para as crianças .... Isso sim eu quero ver - pra te comer vai ter fila, pode ter certeza. Não tenho dúvida nenhuma disso! Qual o Homem q não vai querer uma buceta se oferecendo em uma mesa de bar, boate, shopping etc.... Quero ver é vc arrumar um Homem de verdade igual EU, querida .... Pago pra ver!!! 43 anos, 2 filhos .... Vai arrumar um tio de 70.

9 Bom dia!!

Perdemos o agendamento na receita por sua irresponsabilidade!!!
eu nem vou pedir para remarcar. Estou indo fazer uma representação criminal na delegacia e um BO contra vc!

Irei entrar com todos os processos possíveis por danos morais, prejuízos, lucro cessante, etc....

Não sou sou adv mas todos os processos que puder civil, criminal e trabalhista eu entrarei contra vc!

10 Amor!! eu Estou voltando pra casa hoje quero saber onde vc colocou minha chave

Entrei c a medida protetiva da maria da penha ontem. Vc nao pode voltar

Amor..... Estou te esperando!

Onde esta minha chave🖤

Vc nao pode nem falar comigo e muito menos mandar msg. Se continuar eu vou fazer outro boletim de ocorrencia contra vc.

Estoute esperando viu.... 😎😎
😁😁😁😁😁😁😁🖤🖤🖤
🖤🖤🖤🖤

11 Isso ai é minha nova paixão...
🖤 resolve quase tudo   23:10

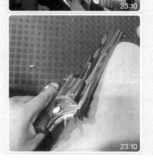

---

8 A típica jogada de um abusador para destruir a autoestima da vítima. **9** Mais ameaças, por todo e qualquer motivo. **10** Mensagens do dia do arrombamento do escritório, pouco antes de chutar a porta e me espancar. **11** O medo de morrer era real.

250

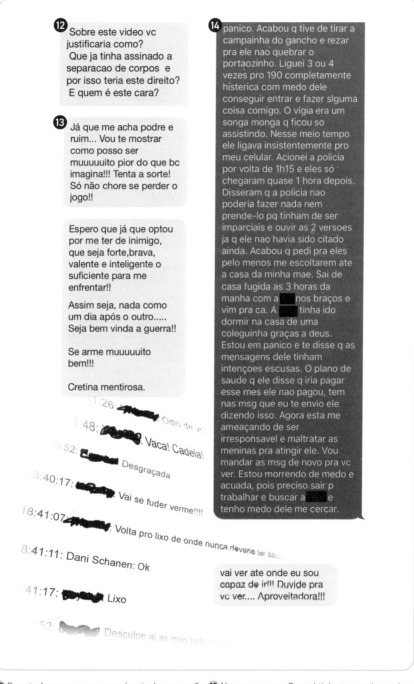

⑫ O controle e a posse mesmo depois da separação. ⑬ Novas ameaças. Eu mal tinha tempo de respirar entre uma e outra. ⑭ Minha mensagem desesperada para o advogado no dia em que meu ex apareceu na minha casa de madrugada.

15 Querida!! Acho que quando a agredi foi perfeitamente compreensível ate por vc. afinal descobrir que era traido a anos com seus inúmeros amantes, minha reação foi ate pouco.... Qq homem que apos 17 anos de relacionamento descobre que o seu grande amor não passa de uma pura e vadia, faria muito pior... Me desculpe por ter agredido vc. Vc não vale nem uma lágrima minha. Querida eu não tento, não preciso e não quero sair melhor na "fita" sai de cabeça erguida e não como uma puta para todos que sabem a nossa verdadeira e única historia.... Ate as suas grandes kkkkk e falsas amigas espantam quando sabem a verdade.... Fica tranquila que seus 250 mts sera respeitados para sempre!!!

Curta bastante os vários "pistoludos"que estão em seu círculo de amizade e promiscuidade

Aproveita bem rsr.

Beijos e fica com Deus viu!!! 😄 😔 😘 Hahahahahaha

Passei seu nome para uma amiga especial para ela orar por vc... Ver se vc se encontra nesta vida, se encontra um amor verdadeiro para que vc se apaixone e tenha felicidades enormes e pare de tentar estragar minha vida... Vc já me prejudicou e me fez sofrer muito por suas traições e continua a tentar fazer isso, eu estou feliz, muito feliz e para ser ainda mais feliz preciso que vc tbm seja por mérito próprio cuide de seu corpo de sua beleza de seu espírito e não fique com mais ninguém pelo dinheiro. Fica com Deus e que Deus tenha piedade de sua alma.

16 A ▮ nao soube dizer se vc vai buscar hj depois da aula ou amanha. Ela disse q semana passada vc combinou de buscar hj, entao estou sem saber se arrumo a mochila de roupa pra mandar p escola ou nao.

Querida, hoje eu não posso!!

E "talvez" amanha eu tbm não consiga ir, vou confirmar hoje se vou para um chalézinho em macacos este fds....

Ahhhhhh meu alvará de visitação é de 15 em 15 dias assim como seu adv inssistiu!!

Beijos e tenha uma mega ótima e feliz sexta!!! 🤍 😊 🤍.

Estou chegando no Dopcad, irei fazer outra representação e um BO um absurdo vc deixar ela uma semana sem usar os óculos, graças a sua falta de atenção a ▮ já vai ter que operar a vista....melhor vc começar a prestar atenção nas crianças.... Deixa ser relapsa com a saúde delas, não permito que por briga comigo vc as prejudique.

Pelo amor de deus me esquece vc e para de mandar msg

15 Realmente, é "perfeitamente compreensível" ser agredida. Sem noção!

16 Promessas em vão e mais ameaças.

Eu e Tadeu "in love" e felizes da vida.

Sendo pedida em casamento.
Sim, sim, simmm!

REFERÊNCIAS

BBC Brasil. Rejeição "causa mesma reação no cérebro que dor". *Portal BBC Brasil*, 10 out. 2003. Disponível em: https://bbc.in/2Suyix2. Acesso em: 5 set. 2019.

BRASIL. Lei nº 11.340, de 7 de agosto de 2006.

BROWN, Brené. *A coragem de ser imperfeito*. Rio de Janeiro: Sextante, 2012.

INSTITUTO Patrícia Galvão. Pesquisa Data Popular/Instituto Patrícia Galvão revela preocupação com assassinatos de mulheres e violência. *Agência Patrícia Galvão*, 5 ago. 2013. Disponível em: <https://bit.ly/3l4kKpa>. Acesso em: 19 ago. 2019.

MALAMUD, Silvia. *Sequestradores de almas*. São Paulo: AGWM, 2016.

ONU Mulheres. 81% dos homens consideram o Brasil um país machista. *Portal ONU Mulheres*, 25 out. 2016. Disponível em: <https://bit.ly/2YAefRt>. Acesso em: 18 jul. 2019.

PROFISSÃO Repórter. Pelo menos três mulheres são assassinadas, vítimas de feminicídio, todos os dias no Brasil. *Portal G1 Notícias*, 16 maio 2019. Disponível em: <https://glo.bo/3jNtf6U>. Acesso em: 23 set. 2019.

ROCHEDO, Aline. A química da paixão. *Superinteressante On-line*, 31 out. 2016. Disponível em: <https://bit.ly/3jGlcJ2>. Acesso em: 27 ago. 2019.

SENSÉVE, Bruna. Estudo aponta relação entre a atrofia do cérebro e personalidade narcisista. *Portal Uai*, 4 jul. 2013. Disponível em: <https://bit.ly/2CYqSOp>. Acesso em: 2 ago. 2019.

Este livro foi composto com tipografia Adobe Garamond Pro
e impresso em papel Off-White 90g/m² na Formato Artes Gráficas.